추천의 글

돈이 녹아 내리고 있다. 한국을 비롯한 많은 국가들이 돈을 뿌려 대고, 금, 주식, 부동산 등 자산 가격은 연일 상승하고 있다. 이제 투자는 선택이 아니라 필수다. 하지만 주식시장은 냉혹한 곳이다. 준비가 되어 있지 않은 투자자들에게 주식시장은 맹수가 가득한 정글일 수밖에 없다. 이 정글에서 맹수들을 이겨 내고 승자가 된 진짜 투자자의 책이 나왔다. 이 책을 쓴 저자는 의사다. 하지만 언제 죽을지 모르는 시한부 의사다. 그런데 그는 딸들에게 유언장 대신 주식 투자하는 법을 알려 주기 위해 이 책을 썼다.

이 책은 단순한 투자 이론서가 아니다. 실제 그가 주식투자로 500억 원을 벌 수 있었던 성공 방정식을 그대로 담아냈다. 그렇다고 성공한 이야기만 있는 것은 아니다. 의사 국가고시 낙방, 리먼 쇼크로 인한 자산 30% 감소 등 저자는 자신의 실패 경험을 솔직하게 고백하며, 절망적인 상황에서도 기회를 포착하고 자산을 불려 온 과정을 담담하게 보여 주고 있다. 산전수전 다 겪고 챔피언에 오른 권투 선수가 바로 옆에서 권투의 기초부터 실전에서 이길 수 있는 방법까지 친절하게 알려 주는 느낌이다. 그는 일본인이지만, 한국의 조선사인 HD한국조선해양으로 큰돈을 벌었던 경험도 담고 있어 친근함마저 든다.

아직도 주식투자를 어떻게 해야 할지 막막하다면 이 책을 펼쳐라. 이 책은 '자산가치주', '수익가치주', 그리고 저자의 투자 성공 비결인 '시클리컬가치주' 투자법을 단계별로 안내하며 투자의 정석이 무엇인지 알려 준다. 스스로 기업을 분석하고 '투자 리포트'를 작성하는 법을 통해 투자자가 자신의 힘으로 성공할 수 있는 역량을 길러 주는 훌륭한 교과서라고 확신한다. 시간이 지나도 변치 않을 투자의 기본 원칙을 배우고 싶은 모든 투자자들에게 적극 추천한다. 주식 입문자들이 반드시 읽어야 할 명저가 새로 나왔다는 사실이 반갑고 감사하다. 저자가 꼭 건강을 되찾아 딸들과 함께 평생 주식투자를 할 수 있기를 간절히 소망한다.

— 염승환(LS증권 이사)

일본은 밸류업을 시작한 2014년 이래, 올해까지 무려 주가 지수가 5배가 상승하는 기록적인 자본시장 호황을 구가했다. 한국은 산업 정책에 이어 자본시장 정책도 일본과 같은 길을 걸으며, 2024년부터 밸류업을 시작했다. 한국의 투자자들이 일본 시장을 이해해야 하는 중요한 이유는, 일본에서 벌어진 일들이 한국에서 그대로 일어날 가능성이 높기 때문이다. 일본은 아베노믹스와 함께, 한국은 '상법 개정'과 함께 실제적 밸류업이 시작되었다. 그렇기에 일본의 밸류업 혜택을 보기 위해 일본이 어떤 길을 걸었는지 아는 것은 필수다. 한국에 소개된 일본 주식시장 관련 책이 많지 않아 아쉽던 터에, 이번에 큰숲에서 출간된 《부자 아빠 투자 불변의 법칙》은 무척 반갑다. 무엇보다 실전 투자자로서 실제 일본에서 성공한 투자법을 구체적 사례를 통해 기술했다는 점에서 특별하다. 게다가 이 과정에서 단돈 50만 엔을 50억 엔으로 만들었다. 그가 불행한 일을 겪지 않았다면, 우리는 이 책을 만나기 어려웠을 것이다. 아이를 위한 마음이 담긴 그의 조언이 한국 투자자에게도 훌륭한 가이드임을 기억하고 책을 읽는다면, 시장에서 좋은 결과를 얻을 수 있을 것이다.

— 곽상준(증시각도기TV)

부자 아빠

투자 불변의 법칙

50MANEN WO 50OKUEN NI FUYASHITA
TOSHIKA NO CHICHI KARA MUSUME E NO OSHIE

by Ta-chan
Copyright © 2025 Ta-chan
Korean translation copyright ©2025 by O' FAN HOUSE
All rights reserved.
Original Japanese language edition published by Diamond, Inc.
Korean translation rights arranged with Diamond, Inc.
through The English Agency (Japan) Ltd. and Danny Hong Agency

이 책의 한국어판 저작권은 대니홍 에이전시를 통한
저작권사와의 독점 계약으로 ㈜오팬하우스에 있습니다.
저작권법에 의해 한국 내에서 보호를 받는 저작물이므로 무단전재와 복제를 금합니다.

부자 아빠 투자 불변의 법칙

500억 자산가가 남긴 마지막 유산

타짱 지음 | 박선영 옮김

큰숲

일러두기
1. 이해를 돕기 위해 본문에 등장하는 엔화는 원화로 치환하여 함께 표기했습니다.
   (100엔 = 1000원 기준)
2. 종목명 표기 시 회사명이 영문인 경우 영문을 병기했습니다. 일본 내 사이트에서는 종목 코드를 기준으로 찾아볼 수 있습니다.

"넌 왜 그렇게 부자가 되고 싶은 거야?"

고등학교 시절 담임선생님은 내게 물었다.

진로는 이미 정해져 있었다.

"어느 학과로 가야 부자가 될 수 있을까?"

기준은 그거 하나였다. 그래서 의대에 갔다.

하지만 합격률이 97%나 되는 의사국가고시에 떨어졌다.

주변 친구들은 모두 합격하는데 나만 불합격이었다.

분하고 창피했다.

주식으로 돈을 벌어서 보란 듯이 성공하고 싶었다.

의사 일은 그럭저럭하면서

주식으로 유유자적 살겠노라 다짐했다.

소원은 현실이 되었다. 20대에 자산 1억 엔(10억 원) 달성.

주식으로 모은 자산은 5억 엔(50억 원), 또 10억 엔(100억 원)

그리고 30억 엔(300억 원)으로 불어났다.

지금은 50억 엔(500억 원)을 훌쩍 넘어섰다.

그리고 내 나이 49세 때 암이 전이된 사실을 알았다.

주치의는 50세까지라면 몰라도 51세는 장담할 수 없다고 했다.

시한부 인생을 선고받은 것이다.

제일 먼저 머릿속에 떠오른 건 아직 중학생, 고등학생인

딸들의 얼굴이었다.

성장하는 모습을 지켜보고 싶지만 어려울 듯하다.

의사인 나 자신이 제일 잘 안다.

인생에서 가장 소중한 건 돈이 아니다. 이제는 알 수 있다.

돈보다 소중한 것이 있다.

일하는 보람을 느끼고, 살아가는 기쁨을 누리고

사회에 도움이 되는 자신에게 만족하는 것.

그것이 '살아가는 일' 자체의 동기가 된다.

하지만 돈으로 인해 인생이 더 자유로워지고

돈 덕분에 수많은 불안이 사라지는 것 또한 사실이다.

그래서 나는 이 책을 통해 우리 딸들에게

자신의 힘으로 돈을 불려 나가는 방법을 알려 주고 싶다.

50억 엔(500억 원)의 자산을 쌓아 올린 아빠의 투자법을

전하고 싶다.

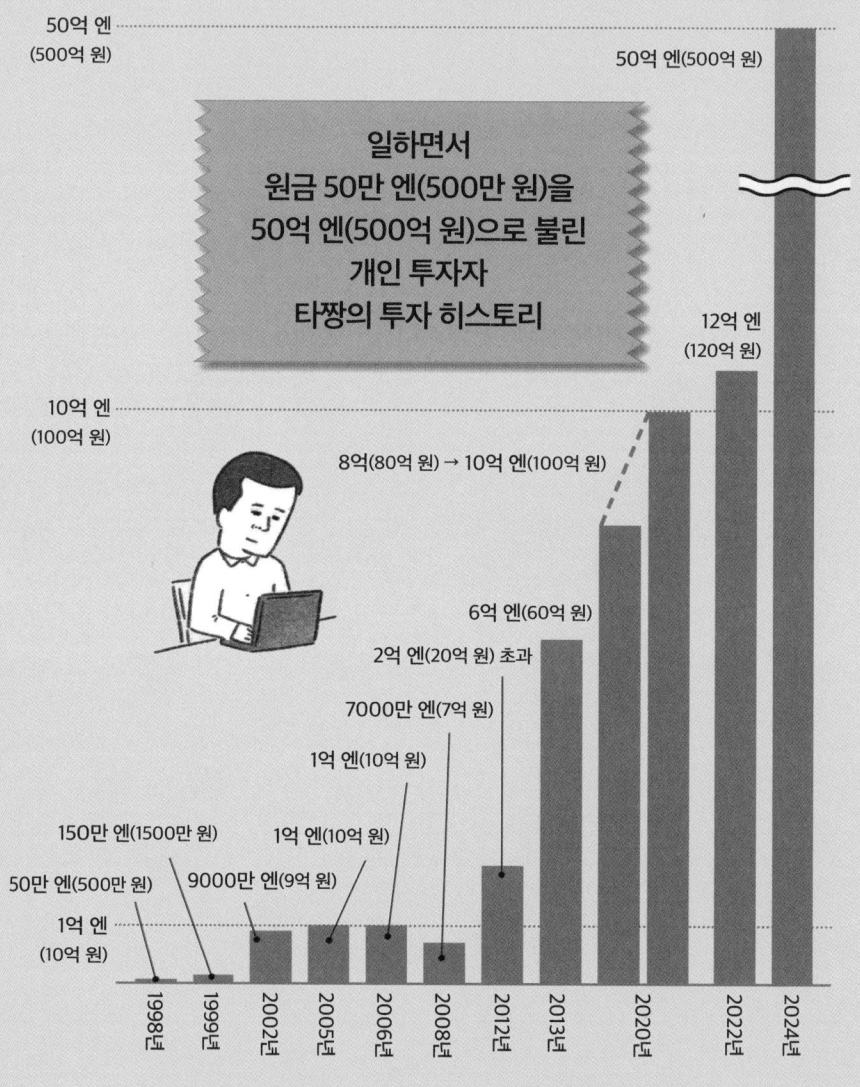

프롤로그

사랑하는 딸들에게
꼭 들려주고 싶은 이야기

아빠의 투자법을 알려 줄게

이 책을 너희가 읽을 무렵이면 아빠는 아마 세상에 없을지도 몰라. 아빠가 말기 직장암을 선고받은 지 2년이 넘었어. 그동안 네 차례 수술을 받으면서 다시 재발하면 더 이상 손쓸 수 없다고 생각했지. 그런데 2024년 말, 암이 전이된 사실을 발견했어. 아빠는 의사니까 비슷한 환자들을 정말 많이 봐 왔지. 그래서 알 수 있단다. 이제 얼마 남지 않았다는 걸 말이야.

아직 하고 싶은 일은 많아. 하지만 아빠 인생에 후회는 없어. 딱 한 가지 미련이 남았다면 바로 너희들이야. 중학생과 고등학생인 너희가 자라서 의젓하게 사회로 나가는 모습을 어떻게든 지켜보고 싶어. 하지만 아빠의 소원은 이룰 수 없을지 몰라. 그래서 너희에게 남길 수 있는 게 무엇인지 열심히 생각했어. 답은 바로 나왔지.

주식투자.

아빠가 일하면서 실천해 온 '주식투자'를 알려 주는 거야.

아빠는 대학생 때 단돈 50만 엔(500만 원)으로 주식투자를 시작했어. 그리고 50억 엔(500억 원)의 자산을 벌어들였지. 그 방법 중 일부는 아빠 혼자 생각해 낸 거야. 어떤 투자법 책에도 나와 있지 않아. 게다가 내 투자법은 '재현성'이 뛰어나. 그대로 따라 하기만 하면 아빠처럼 돈을 벌 수 있다는 뜻이지.

내가 특별히 투자 재능이 뛰어난 것은 아니야. 그런데도 50억 엔(500억 원)까지 자산을 불릴 수 있었던 이유는 두 가지야. 하나는 주식투자에 대해 제대로 그리고 열심히 공부했다는 것, 또 하나는 나 스스로 고안한 방법을 충실히 실행에 옮긴 덕분이지. 아빠의 투자법을 그대로 따라 하면 50만 엔(500만 원)이 50억 엔(500억 원)까지 늘어난 것과 마찬가지 결과를 얻을 수 있을 거야.

너희도 알다시피 아빠는 평일에 보통 일하러 다녔지. 그러니까 아빠의 투자법은 일하면서도 무리 없이 실천할 수 있어. 온종일 컴퓨터를 붙들고 주가를 확인할 필요도 없어. 아니, 오히려 자주 보지 않는 편이 좋을 정도야. 지금부터 알려 주는 이야기는 중학생과 고등학생인 너희에게 조금 어려울지도 몰라. 하지만 고등학교를 졸업하고 대학에 들어가고, 취직해서 사회인이 되면 분명히 이 책의 내용을 이해할 수 있게 될 거야.

인생은 돈이 다가 아니야. 아빠도 너희가 돈만 좇는 인생을 살기를 바라지 않아. 하지만 돈은 인생의 선택지를 늘려 준단다. 아빠는 너희가 풍요로운 삶을 살기를 바라. 그 수단으로 꼭 주식투자에 도전했으면 좋겠어.

무엇보다 주식은 정말 재미있어. 사회에 대해 배울 수 있는 둘도 없이 좋은 기회이기도 해.

이 책에 아빠가 아는 모든 것을 쏟아부었어. 책을 읽다가 만일 모르는 게 있다면 몇 번이고 다시 읽어 보렴. 그때마다 아빠가 온 힘을 다해서 너희에게 알려 줄게.

'시클리컬가치주 투자'란 무엇일까?

이 책은 너희를 위해 썼지만 가능하면 많은 사람들이 읽어 주면 좋겠어. 주식투자를 통해 사람들이 더 풍요로운 인생을 살기를 바라기 때문이야. 그러니까 지금부터는 아빠가 아니라 '나'로 이야기를 이어 나가려고 해. 그럼, 다시 시작해 볼까?

내 투자법은 한마디로 '시클리컬(Cyclical)가치주 투자'야.

알아, 무슨 말인지 도통 알 수 없을 거야. 하지만 괜찮아. 주식투자를 하는 사람들도 모르는 경우가 많은 투자법이거든. 지금은 그런 투자법이 있다는 정도만 알고 있으면 돼. '시클리컬가치주 투자'가 무엇인지 알려면 우선 '자산가치주 투자'와 '수익가치주 투자'라는 두 가지 투자법을 알아야 해. 이 책에서도 자산가치주 투자 → 수익가치주 투자 → 시클리컬가치주 투자 순서로 설명할 거야.

'가치주'는 한마디로 '저평가된 주식'이라는 뜻이야. 가치주 투자는 본래 '회사가 지닌 가치'보다 상대적으로 싼 가격으로 소외된 주식을 사서 값이 오르면 다시 파는 투자법이야. '싸게 사서 비싸게 파는 것'이지. 이것이 가치주 투자의 본질이자 주식투자 자체의 본질이기도 해.

하나씩 정리해 줄게. 모르는 용어나 숫자가 나와도 나중에 자세히 설명할 거니까 지금은 그냥 가볍게 읽어 나가자.

지금 머릿속에는 물음표가 가득하겠지? 괜찮아. 앞으로 차근차근 설명할 거야. 아빠가 투자를 결정하기 위해 작성하는 '기업 분석 리포트'도 구체적으로 설명할 테니 안심해도 돼.

자산가치주 투자

'자산'에 비해 주가가 저평가된 종목을 사는 투자법

 ★    ★

찾는 법
- PBR(주가순자산비율) 0.5배 이하, 자기자본비율 60% 이상으로 스크리닝

체크 포인트
- 결산단신에서 적자 수준이 지나치지 않은지 확인
- 재무상태표에서 순현금(Net Cash), 영업권(Goodwill), 매출채권을 체크
- 유가증권보고서에서 토지와 유가증권의 장부가액을 확인하고 현재 가치와 비교

팔 때
- 실적의 성장 시나리오가 빗나갔을 때
- 더 좋은 유망주를 찾았을 때
- 단기간에 지나치게 급등했을 때
- 배당금이 나오기 직전

장점
- 급격한 주가 하락이 적다

단점
- 언제쯤 주가가 오를지 알기 어렵다

수익가치주 투자

'수익 창출 능력'에 비해 주가가 저평가된 종목을 사는 투자법

난이도 　　수익 기대치

찾는 법
- 영업이익률 10% 이상, PER(주가수익비율) 10배 이하, PBR(주가순자산비율) 1.5배 이하, ROA(총자산이익률) 7% 이상, 시가총액 300억 엔(3000억 원) 이하로 선별

체크 포인트
- 손익계산서에서 매출액, 경상이익, 경상이익률을 확인
- 현금흐름표에서 영업활동 현금흐름, 잉여현금흐름을 확인
- 앞으로 실적이 향상될 여지가 있는지 확인

팔 때
- 실적의 성장 시나리오가 빗나갔을 때
- 더 좋은 유망주를 찾았을 때
- 단기간에 지나치게 급등했을 때
- 실적 부진의 징조가 보이기 시작할 때
- 전국적인 영업망 확대가 마무리되었을 때

장점
- 자산가치주보다 더 많은 주가 상승을 기대할 수 있다

단점
- 주가가 오를 때까지 시간이 걸릴 수 있다
- 팔 때를 판단하기가 어렵다
- 예측이 빗나가면 손실이 크다

시클리컬가치주 투자

경기가 순환하는 업계에서 '경기의 바닥'에 있는 종목을 사는 투자법

 ★★★　 ★★★

찾는 법
- 업계가 경기순환의 영향을 받는지, 그 기업이 '경기의 바닥'에 있는지 확인

체크 포인트
- 유가증권보고서 등을 통해 '고정비'와 '변동비'를 나누고 수익을 내는 구조를 이해한다
- 수익이 올랐을 경우의 PBR(주가순자산비율)과 PER(주가수익비율)을 역산한다

팔 때
- 실적의 성장 시나리오가 빗나갔을 때
- 더 좋은 유망주를 찾았을 때
- 단기간에 지나치게 급등했을 때

장점
- 주가의 상승폭이 크다

단점
- 면밀한 기업 분석이 필요하다
- 살 만한 주식이 없을 때가 있다

자산가치주, 수익가치주, 시클리컬가치주의 주가 변동 이미지

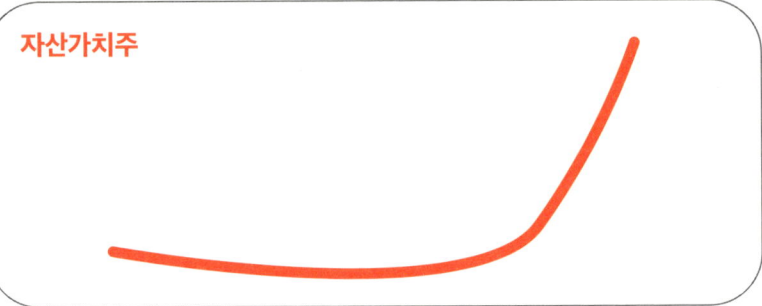

자산가치주

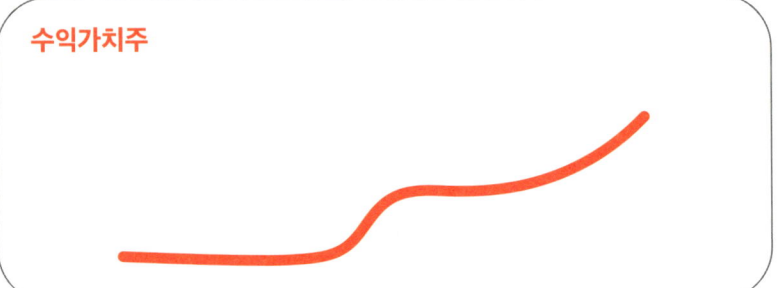

수익가치주

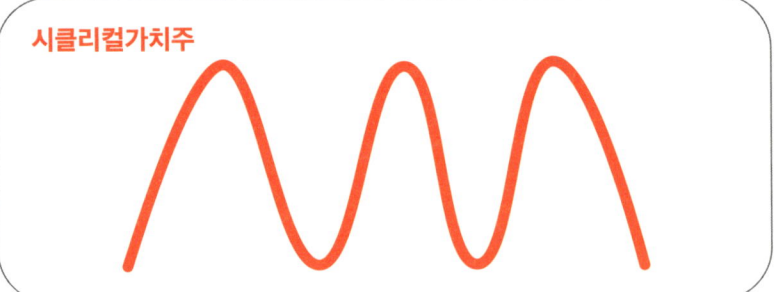

시클리컬가치주

용어 정리

- **PBR(주가순자산비율)**: Price-To-Book Ratio의 약자. 현재 주가가 자산 대비 몇 배인지를 나타내는 지표. PBR이 1이면 주가와 기업의 순자산가치가 같다는 뜻이다. PBR이 1보다 낮으면 저평가되었을 가능성이 있다.

- **결산단신**: 연간 또는 분기별 결산 내용을 주요 재무실적 수치 중심으로 간략하게 정리한 보고서. 신속한 공시가 목적이므로 결산 이후 45일 이내에 필수적으로 공개해야 하지만 투자 결정에 중요한 자료이므로 30일 이내 공개를 권고하고 있다. 한국의 경우 실적 속보나 잠정 실적 발표 등에 해당하는데 이는 결산을 거치지 않은 추정치이고, 결산이 완료된 자료는 분기보고서, 반기보고서, 사업보고서와 같은 결산보고서이다.

- **재무상태표**: 기업의 재정 상태를 결산일 시점에 한눈에 볼 수 있도록 정리한 표. 크게 자산, 부채, 자본 등의 항목으로 구성된다. 흔히 B/S(Balance Sheet)로 표기하며, 대차대조표라고도 한다.

- **순현금(Net Cash)**: 기업이 일정 기간 실제 벌어들인 현금 수입에서 지출한 현금을 뺀 금액. 회사의 현금 보유력이나 재무 건전성을 파악할 수 있는 핵심 지표로 활용된다.

- **영업권(Goodwill)**: 기업의 인수 과정에서 발생하는 무형자산으로, 기업의 브랜드 가치, 고객 기반, 업무 노하우 등 측정하기 어려운 가치들을 포괄적으로 나타낸다.

- **매출채권**: 기업이 상품이나 서비스를 제공하고 아직 받지 못한 대금. 보통 1년 이내에 현금으로 회수될 것으로 예상되므로 기업의 유동자산으로 분류된다.

- **유가증권보고서**: 상장기업이 재무 상황과 경영 실적을 투자자를 대상으로 매년 공개하는 보고서. 회사의 주식이나 채권과 같은 유가증권에 대한 주요한 정보 등 투자를 결정할 때 필요한 모든 정보를 담고 있다.

- **PER(주가수익비율)**: Price Earnings Ratio의 약자로 기업의 현재 주가를 주당순이익으로 나눈 것이다. 즉 주가가 해당 기업의 1년치 순이익의 몇 배로 평가되는지를 나타내는 지표다.

- **ROA(총자산이익률)**: Return On Assets의 약자로 기업이 총자산을 활용하여 얼마나 효율적으로 순이익을 창출하는지를 나타내는 수익성 지표다. 수치가 높을수록 자산을 효율적으로 사용해 이익을 많이 낸다는 의미로 자산 운용 능력이 뛰어나다고 평가할 수 있다.

- **손익계산서**: 한 회계 기간에 기업의 모든 비용과 수익을 비교하여서 이익과 손해의 정도를 밝히는 계산서. 기업의 경영 성과를 한눈에 파악할 수 있다.

- **경상이익**: 기업의 운영을 통해 발생하는 수익과 비용. 일시적으로 발생하는 특별이익을 포함하지 않고 순수하게 기업의 실질적인 운영에 의한 이익을 나타낸다. 현재 한국 손익계산서(IFRS)에는 없는 항목인 일본 특유의 '보통 수익 창출 능력'을 나타내는 지표다.

- **현금흐름표(C/F, Cash Flow statement)**: 특정 기간 동안 기업에서 현금성 자산이 어떻게 유입되고 유출되었는지를 영업활동, 투자활동, 재무활동의 세 가지 주요 부문으로 나누어 보여 주는 재무제표다.

- **영업활동 현금흐름**: 기업이 본업의 영업활동을 통해 실제로 벌어들이거나 지출한 현금의 흐름을 나타내는 지표다.

- **잉여현금흐름(Free Cash Flow)**: 기업이 영업활동으로 벌어들인 현금에서 설비투자(자본적 지출)를 하고도 남은 자유롭게 쓸 수 있는 현금. 기업의 실제 재무 건전성과 유동성을 나타내는 중요한 지표로, 주주에게 배당을 하거나 부채를 갚는 등 다양한 곳에 활용될 수 있는 현금을 의미한다.

차례

프롤로그 | 사랑하는 딸들에게 꼭 들려주고 싶은 이야기   9

PART 0 :
500만 원을 500억 원으로 불린   23
아빠의 투자 일지

'주식'은 어떻게 탄생했을까? · 25 | '주주'가 되는 것은 '왕'이 되는 것과 마찬가지? · 26 | 채소는 채소 가게에서, 주식은 주식시장에서 · 28 | 꼭 한 번 들려주고 싶었던 이야기 · 31 | 난 부자가 되고 싶었다 · 33 | 적당히 일하면서 주식투자로 돈을 벌자 · 34 | 좋아하는 게임 회사에 투자하고 대박을 내다 · 36 | 의사국가고시에 떨어졌다! · 37 | 29세에 억대 부자가 되다 · 39 | 리먼 사태로 직격탄을 맞아 자산이 30% 감소하다 · 41 | 30대에 자산 60억 원을 돌파하다 · 42 | 10년간의 투자 공백 · 45 | 파이어족은 적성에 안 맞았다 · 47 | 세 마리 토끼를 잡으려고 했다 · 50 | 말기 직장암 판명, 네 번의 수술 · 52

PART 1 :
싸게 사서 비싸게 판다   55
↗ '가치주 투자' 완전정복

먼저 가치주 투자를 이해하자 · 57
주식의 네 가지 종류와 공략법 · 61
성장주의 전체 수익은 가치주보다 낮다 · 64
사실은 위험한 성장주 투자의 진실 · 66
기업의 가치란 무엇일까? · 69

PART 2 :
싸다고 사지 않는다, ‘자산’이 있기에 산다
↗ 자산가치주 투자

71

① 자산가치주의 특징 • 74
② 자산가치주를 찾는 법 • 84
③ 자산가치주를 찾는 구체적인 방법 • 93
④ 자산가치주를 팔 때 • 117

PART 3 :
싸다고 사지 말고, ‘돈을 버는 힘’을 보고 사자
↗ 수익가치주 투자

125

① 수익가치주의 특징 • 128
② 수익가치주를 찾는 법 • 135
③ 수익가치주를 찾는 구체적인 방법 • 139
④ 수익가치주를 팔 때 • 148

PART 4 :
적자 회사야말로 보물창고다
↗ 시클리컬가치주 투자

151

① 시클리컬가치주의 특징 • 154
② 시클리컬가치주를 찾는 법 • 169
③ 시클리컬가치주를 찾는 구체적인 방법 • 181
④ 시클리컬가치주를 팔 때 • 189

PART 5:
주식이 보내는 신호를 놓치지 않는다   197
↗ '기업 분석 리포트' 쓰는 법

투자 종목을 이해하기 위한 기업 분석 리포트 • 199
기업 분석 리포트를 직접 써 보자 • 218
기업 분석 리포트 더 알아보기 • 248
'이거다'라는 종목이 있다면 집중투자 • 253

PART 6:
작은 차이가 큰 수익으로 이어진다   259
↗ 이익을 극대화하는 '+α'의 노하우

수시공시의 효과적 활용법 • 261 | IR 담당자에게 이메일 보내기 • 262 | 투자의 정보격차를 메우는 네트워크 만들기 • 263 | 인플레이션을 활용하는 사고방식 • 265 | 신용거래를 해도 좋은 유일한 타이밍 • 266 | 주가가 떨어져도 흔들리지 않는다 • 268 | 떨어졌을 때가 살 때다 • 269

에필로그 | 500억 원을 벌고 나니 보이는 것들   274

부록 | 기업 분석 리포트 시트

PART 0

500만 원을
500억 원으로 불린
아빠의 투자 일지

'주식'은 어떻게 탄생했을까?

구체적인 투자법을 살펴보기 전에 먼저 '주식투자가 무엇인지'부터 알아보자. 물론 기초적인 상식이 없어도 투자는 할 수 있다. 하지만 제대로 투자하고 싶다면 '주식'과 '주식투자'가 어떻게 생겨났는지 알아 두는 편이 좋다. 결론만 알려다가 애꿎은 길을 돌아가는 경우도 많기 때문이다.

먼저 '주식'의 정의는 다음과 같다.

주식은 주식회사에서 주주가 가진 권리, 즉 지분이다. 보통 지분은 사원의 출자액에 비례해서 다양한 형태를 지니지만, 주식은 일정한 비율로 나뉜 균등한 단위로 이루어진 것이 특징이다. 그 덕분에 주식회사는 사업에 필요한 대규모 자금을 조달할 때, 자본을 세분화해서 다수의 출자자로부터 소액의 자금을 모을 수 있게 된다.

아직 무슨 말인지 머릿속에 들어오지 않을 것이다. 하지만 주식이 왜 생겨났는지를 알면 쉽게 이해할 수 있다. 우선 주식의 탄생 배경을 알아보자.

주식의 역사는 유럽 사람이 대서양으로 진출한 15세기 '대항해 시대'까지 거슬러 올라간다. 꽤 역사가 긴 편이다. 당시 유럽에서는 후추 같은 향신료가 비싼 값으로 거래되고 있었다. 육류를 보존하거나 요리의 양념 때문에 수요는 많았지만 상품의 공급이 턱없이 부족했다. 향신료를 구하려면 직접 아시아까지 가야 했기 때문이다.

당시에는 지구가 둥글지 않고 평평하다고 생각하는 사람이 적지 않았다. 지구가 평면이면 당연히 '가장자리'가 있을 것이고 그 끝까지 가면 우주로 떨어지거나 괴물이 집어삼킬 거라고 믿는 사람도 많았다. 그래서 당시 배들은 세상의 끝에서 떨어지지 않도록 정해진 방향으로만 항해했었다. 하지만 지구가 둥글다는 생각이 점점 설득력을 얻게 되자 훗날 신대륙 발견으로 유명한 콜럼버스도 '지구 구형론'을 믿게 되었다. 그는 '평소 항로와 반대로 가면 더 빨리 아시아에 도달할 수 있을 거다. 그러면 무역으로 떼돈을 벌 수 있다'라고 생각한 것이다.

'주주'가 되는 것은 '왕'이 되는 것과 마찬가지?

항해를 하려면 돈이 많이 든다. 그래서 콜럼버스는 먼저 포르투갈의 왕에게 신대륙 발견을 위한 항해를 제안했지만 거부당했다. 그 뒤 찾아간 스페인의 이사벨 여왕이 그의 제안을 흔쾌히 받아 주었다. 여왕이 콜럼버스의 항해가 성공할 거라고 믿은 건 아니었다. 당시 스페인은 포르투갈에 비해 무역이 한참 뒤처져 있었고 대책이 필요했다. 그래서 사형수 같은 죄인들을 배에 태우고 일을 시키면 항해 중에 죽어도 문제가 되지 않을 테고, 만에 하나 일이 잘 풀리면 대박이라는 정도로 가볍게 생각했다.

우여곡절 끝에 인도를 향해 출발한 콜럼버스는 지금의 중남미인 카리브해에 떠 있는 어느 섬에 도착했다. 콜럼버스는 죽을 때까지 그 섬이 인도라고 믿어 의심치 않았다. 그는 현지의 원주민에게서 금은보석을 강탈해 스페인으로 싣고 갔지만 대부분을 출자자인 이사벨 여왕에게 빼앗기고 말았다. 현대사회로 말하자면 여왕은 기업의 주인인 '주주', 콜럼버스는 '월급 사장', 선원들은 '사원'인 셈이다. 자본주의는 결국 주주가 최종적인 이익을 얻도록 만들어진 사회다. 주주가 된다는 건 그 사회에서 '왕'이 되는 것과 마찬가지다.

콜럼버스의 성공을 알게 된 귀족들은 이사벨 여왕을 부러워했지만 개인이 혼자 힘으로 배를 만들고 항해를 진행할 정도의 자산은 없었다. 그래서 '다 같이 출자해서 배를 공동으로 소유하면 된다'고 생각했다. 그리고 각자의 출자액을 명시하기 위해 '주식'이라는 것을 발행했다. 그 주식의 지분에 따라 항해에서 나오는 수익을 비율에 맞추어 나누기로 한 것이다. 이것이 '주식'이 탄생하게 된 배경이다.

처음에는 한 번 항해할 때마다 사업을 청산하고 참여자들의 이익을 나누었다. 하지만 배와 선원을 매번 구하고 출자자를 모으는 게 번

거로웠다. 그래서 사업을 계속 운영하는 조직으로 '회사'를 만들었고 출자자들이 주식으로 공동소유 하므로 '주식회사'라고 이름 지었다.

세계 최초의 주식회사는 1602년에 설립한 네덜란드의 동인도 회사다. 향신료 무역을 목적으로 세운 동인도 회사는 출자자들로부터 모은 자금으로 항해에 나가 향신료와 금을 사 가지고 돌아와 판매했다. 그 무역 사업으로 얻은 이익을 출자자들과 나눈 것이 '배당금, 즉 사업으로 생긴 수익의 일부를 주주에게 나누어 주는 돈'의 기원이 되었다. 동인도 회사는 다수의 주주들에게 대규모 자금을 모아 사업의 수익과 동시에 리스크를 나누며 국제무역 사업을 비약적으로 발전시키는 기초를 마련했다.

채소는 채소 가게에서, 주식은 주식시장에서

'주식을 산다'는 것은 원래 '사업에 돈을 투자하고 그 이익을 배당금으로 받는 것'이었다. 그러므로 초창기에는 하나의 사업이 끝날 때까지 다들 주식을 보유하고 있었다. 지금처럼 주식시장에서 빈번하게 사고팔았던 것이 아니다. 하지만 시간이 흐르면서 새로운 발상이 등장했다. "시장에서 채소를 사고팔듯이 주식도 시장을 만들면 더 많은 사람들이 쉽게 거래할 수 있다."

이러한 아이디어를 바탕으로 1608년 네덜란드의 암스테르담에

최초의 증권거래소가 설립되면서 공식적인 시장에서 주식을 거래하게 되었다. 그런데 주식시장의 역사는 평탄하지 못했다. 1719년에는 프랑스에서 '미시시피 계획'이, 1720년에는 영국에서 '남해 거품 사건(South Sea Bubble)[1]'이 발생해 '거품 경제'가 붕괴했기 때문이다.

미시시피 계획은 '미시시피'라는 회사의 경영권을 손에 넣은 스코틀랜드의 실업가 존 로(John Law)가 '연이율 40%'라는 높은 이율의 배당금을 내세워 주식을 팔아 치우자 13개월 만에 주가가 62배나 급등했다가 13개월 뒤 100분의 1로 폭락한 사건이다.

남해 거품 사건은 잉글랜드 남해 회사가 발표한 '남해 계획'에서 비롯되었다. 이 계획은 '국채', 즉 국가가 발행한 채권으로 이자와 원금의 상환을 국가가 책임지는 채권을 남해 회사가 전액 인수하고 주식으로 판매한다는 내용을 골자로 했다. 이 계획이 발표되자 반년 만에 남해 회사의 주가는 10배로 급등했고 '주식회사 붐'을 일으켰다. 하지만 정부가 무허가 주식회사 설립을 금지하고 투기성 거품을 막

---

[1] 1711년에 설립된 영국의 남해(South Sea) 회사가 거액의 국채를 인수하는 대가로 스페인령 아메리카와의 무역 독점권을 갖자 이 회사의 주가가 폭등하였다. 하지만 부실한 사업 내용이 드러나자 주가가 폭락하고 파산자가 속출하여 공황 상태가 되었다. '버블 경제', '거품이 꺼졌다'에서 쓰는 '거품'이라는 용어는 이 회사로 촉발된 주식시장 과열을 '남해(바다)'의 '거품'에 비유해서 생긴 말이다. 네덜란드의 튤립 파동(1636-1637), 18세기 초 프랑스의 미시시피 회사 거품 사태와 더불어 고전적인 경제위기 중 하나로 꼽힌다.

기 위해 '거품 금지법(Bubble Act)'을 제정하자 남해 회사의 주가는 바로 폭락했고 잉글랜드 경제는 대혼란에 빠져 버렸다.

이처럼 거품 경제와 붕괴 현상을 겪으면서 '주식회사는 위험하다'라는 인식이 세상에 퍼졌고 유럽에서는 그 후 오랫동안 주식시장이 정체되었다. 만유인력을 발견한 현대 물리학의 아버지 뉴턴조차 남해 거품 사건으로 큰돈을 잃고 다음과 같은 말을 남겼다고 한다. "천체의 움직임은 계산할 수 있어도 인간의 광기는 측정할 수 없다." 이미 300년이나 더 지난 이야기지만 사람의 광기나 어리석음은 어느 시대나 변하지 않는다는 사실을 알 수 있다.

한편 미국에서는 1792년 24명의 중개인이 주식 매매를 위한 협약을 체결했고 이후 1817년에 주식시장인 '뉴욕 증권거래소(NYS)'가 공식 개설되었다. 설립 초기에는 상장 종목이 얼마 되지 않아 거래는 단시간에 끝났다고 한다. 이후 서서히 거래가 늘면서 다른 나라에서도 주식투자 열기가 고조되었다. 일본에서는 프랑스와 영국의 증권거래소를 모델로 하여 1878년에 도쿄 증권거래소가 탄생했다.

증권거래소를 만든 중심인물 중 한 명이 '근대 일본 경제의 아버지'라고 불리는 시부사와 에이치(渋沢栄一)인데 일본의 1만 엔(10만 원)짜리 지폐 속 주인공이기도 하다. 또 일본 최초의 주식회사는 1873년에 설립된 '제일국립은행'이며, 현재 일본의 주식회사는 수백만 개에 달하고, 증권거래소에 상장한 기업은 3940개다(2025년 9월 기준). 이처럼 주식의 역사를 알고 나면 주식이 훨씬 더 흥미롭게 느껴질 것이다.

꼭 한 번 들려주고 싶었던 이야기

너희에게 구체적인 투자법을 알려 주기 전에 한 가지 알아주기 바라는 게 있다. 나의 반평생에 관한 이야기다. 예전에 너희 학교에서 '부모님의 인생 이야기를 듣고 오라'는 숙제가 나온 적이 있었다. 그때는 부끄러워서 차마 말하지 못한 이야기를 지금 여기서 아빠의 인생을 뒤돌아보며 하고 싶다. 아빠가 왜 투자를 시작했고 어떻게 의사라는 직업과 투자를 병행했는지, 그리고 내가 세상을 어떤 관점에서 바라보는지 알고 나면 이 책의 투자법에 대해 더 깊이 이해할 수 있을 것이기에 함께 이야기를 하고 싶다.

나는 1975년 외가댁이 있는 미에(三重)현 구마노(熊野)시에서 태어났고 한 살이 되었을 때부터 고베(神戸)에서 자랐다. 아버지는 공무원이었고 어머니는 전업주부였던 지극히 평범한 가정이었고, 살던 지역도 고급 주택가가 아닌 평범한 동네였다.

내 입으로 말하기는 부끄럽지만 어릴 때부터 공부를 꽤 잘하는 편이었다. 초등학교 1학년 때는 교실에 붙은 6학년용 한자 포스터를 모두 암기해 버릴 정도였다. 나는 특별하다고 생각하지 않았지만 선생님이나 부모님은 모두 놀랐고 비슷한 일들이 이어지자 그때서야

'난 혹시 평범하지 않은 걸까?'라는 생각을 하게 되었다. 솔직히 초등학교 6년 동안의 공부는 너무 쉬워서 지루하기만 했던 기억이 생생하다. 그런 아들을 보고 부모님은 욕심이 났는지 중학교 입시에 도전해 보자고 했다. 하지만 일본에서 중학교 입시는 늦어도 초등학교 4학년부터 시작해야 하는데 무모하게 6학년부터 시작한 것이다. 부모님이 시키는 대로 입시 학원에 다녔지만 학교 수업에 비해 수준이 너무 높아서 처음에는 무슨 소리인지 하나도 못 알아들을 정도였다. 하지만 어느 정도 익숙해지니 주변 학생들을 제치고 성적이 쑥쑥 올라갔다. 결국 지망하는 중학교에 합격했고 성취감보다 '당연하다'라는 생각이 먼저 들었다. 한마디로 재수 없는 꼬맹이였다.

그렇게 잘난 척하다가 중학교에서 공부를 놓아 버리는 바람에 보기 좋게 한 방 먹게 되었다. 흔히 시험 전에 "공부 하나도 안 했어"라면서 사실은 몰래 열심히 공부하는 친구들도 있지만 나는 진짜 공부를 전혀 하지 않았다. 당연히 시험 성적도 나빴고 선생님이 좋게 봐 줄 리 없었으니 내신 점수도 엉망이었다. 중학교 3학년이 되어 진로지도 상담에서 "갈 만한 고등학교는 없다"라는 말까지 듣는 지경이 되었고 큰 충격을 받았다. 게다가 "내신 성적까지 나빠서 제일 꼴찌 수준의 공립도 아슬아슬하다"라는 소리까지 들었다. 스스로 머리가 좋다고 우쭐하고 있었는데 궁지에 몰린 나는 정말 초조했다. 결국 사립학교밖에 길이 없다 생각하고 중학교 3학년 겨울방학부터 입시 공부에 매달리기 시작했다.

난 부자가 되고 싶었다

이후 필사적으로 공부해서 간신히 유명 사립 고등학교에 합격할 수 있었다. 하지만 그때 또 다시 '조금만 하면 된다'라는 생각에 나도 모르게 자만을 했다. 고등학교가 산골짜기에 있어서 통학하기에는 너무 멀어 학교 기숙사로 들어갔다. 기숙사 규칙이 엄격해서 오후 7시부터 9시까지는 꼼짝없이 책상에 앉아 자습을 해야 했다. 기숙사 감독이 돌아다니면서 학생들을 감시하니까 게으름도 피울 수 없었다.

그때는 스마트폰이 없던 시절이라 공부하거나 책 읽는 것 외에는 달리 할 일이 없었다. 남들처럼 외출해서 청춘을 즐기는 일도 없었고 그저 공부만 한 덕분에 내 성적은 나날이 올라 어느새 도쿄대학교나 의대에 갈 수 있는 실력이 되었다. **나는 목표를 의대로 정했다. 의사가 되고 싶었던 건 아니다. 그저 부자가 되고 싶었기 때문이었다.** 기숙사 생활을 하면서 다양한 분야의 책을 읽다 보니 '세상은 결국 다 돈'이라는 사실을 절실히 느꼈다. 도쿄대학교를 졸업해도 부자가 되리라는 법은 없지만 의사가 되면 남들보다 돈을 많이 벌 수 있다고 생각해서 열심히 공부했다.

하지만 영어 성적이 너무 안 좋아서 영어 비중이 높은 고베대학교의 의학부는 포기하고 히로시마대학교 의대를 선택했다. 히로시마의 야구팀인 히로시마 도요 카프(Hiroshima Toyo Carp)도 좋아하고 입학 성적도 고베대학교에 못지않은 곳이어서 망설이지 않고 지원했다.

의사로서 사람들을 돕고 싶다는 사회적 소명을 품고 진학한 게 아니었으니 주변에서 보면 꽤나 '불성실한 의대생'이었다. 학교를 오가면서 대학교 근처에 있는 마작 게임장에 매일같이 들렀다. 대학에서는 요트부에 들어가서 평일에는 마작, 주말에는 요트부 활동으로 일주일이 금방 지나갈 정도였다.

일본의 의대는 통상 6년제로 6년 동안 기초의학을 배우고 임상의학 실습을 마친 뒤, 의사국가고시에 합격하면 의사로서 경력을 시작하게 된다. 5학년이 되자 대학병원에서 실제 환자를 진찰하는 임상 실습이 시작되었고 의사의 지도를 받으며 직접 환자와 접촉해 진찰과 치료 현장을 경험하면서 기술을 익혔다. 말하자면 '의대생의 현장 훈련 기간'이다. 그때 나는 스스로 의사라는 직업이 맞지 않는다는 사실을 깨달았다.

적당히 일하면서 주식투자로 돈을 벌자

고등학교 시절부터 내 관심은 오로지 부자가 되는 것이었다. 하지만 막상 의사가 되고 나니 주변의 의사들은 생각보다 돈을 중요하게 생각하지 않았다. 오히려 눈앞에 있는 환자와 치료만 생각하는 사람들이 압도적으로 많았다. 이미 정상적인 생활을 기대하기 어려운 노인을 대상으로 수명 연장만을 위해 열심히 치료하는 의사가 많았다. 하지만 경제적인 관점에서 그런 의료 행위를 도저히 '좋다'고 인정할 수 없었다.

내 적성이 의사에 맞지 않는다는 사실을 깨달았을 때 엄청나게 고민했다. 인생의 방향을 그르쳤다고 자책했지만 이미 때는 늦었다. 의사국가고시가 코앞에 닥친 상황이었으니 돌이킬 수도 없었다. 그래서 나는 계획을 전면 수정했다. 의사가 아니라 주식투자를 통해 부자가 되기로 결심했다. 의사는 어디까지나 직업으로 삼고 적정 수준까지만 일하기로 했다. 그것이 내가 여러 전공 중에서도 '마취과'를 선택한 이유다. 24시간, 365일 호출당하는 게 당연한 외과나 산부인과는 내 계획과 맞지 않았다.

그렇다면 나는 왜 주식투자에 눈을 돌리게 되었을까? 그건 스무 살 때 읽은 한 권의 책 때문이다. 미국의 유명 투자자 로버트 기요사키의 베스트셀러 《부자 아빠 가난한 아빠》라는 책이다. 당시 선풍적인 인기를 끈 이 책을 읽고 '세상을 살아가는 데는 역시 돈이 중요하다'라는 생각이 더 굳건해졌다. 이 책에서는 '부동산 투자'를 추천했지만 학생 신분에 부동산은 도저히 손이 닿지 않았으므로 더더욱 '주식밖에 없다'라고 생각하게 되었다.

좋아하는 게임 회사에 투자하고 대박을 내다

주식을 사고팔려면 증권회사에 계좌를 개설해야 한다. 나는 계좌를 만들고 주식 공부를 하면서 귀동냥으로 알게 된 회사의 주식을 소액 투자해 보았지만 잘되지 않았다. 한번 제대로 알아보고 사자는 마음으로 주식투자에 관한 책을 읽으면서 공부했다. 그러다가 찾아낸 종목이 세가(현 세가새미홀딩스 セガサミ―: 6460)[2]였다.

당시 세가는 1998년 발매한 가정용 게임기 드림캐스트(Dreamcast)의 판매 부진으로 곧 망할 거라는 소문이 돌 정도였고 당연히 회사의 주가는 폭락하는 중이었다. 하지만 나는 '드림캐스트의 생산을 중지하고 세가의 소프트웨어를 소니의 플레이스테이션에 제공하면 반드시 돈을 벌 수 있다'라고 확신했다. 드림캐스트에는 좋은 소프트웨어가 많았기 때문이다. 나처럼 실제로 드림캐스트 게임을 해 본 사람만이 생각할 수 있는 일이었다.

세가는 소니의 플레이스테이션에 소프트웨어 내주기를 단호하게 거부했다. 하지만 나는 세가가 실적을 올리려면 그 방법뿐이라고 생각했다. 당시 드림캐스트로 게임을 하고 있어서 새로운 소프트웨어가 안 나온다는 조짐도 민감하게 느끼고 있었으니까.

---

[2]   일본의 파친코 및 게임 제작사인 새미와 비디오 게임 제작사인 세가그룹을 계열사로 거느른 지주회사이다.

나는 1주에 700엔(7000원) 정도의 타이밍에 과외 아르바이트로 모은 돈 50만 엔(500만 원)을 몽땅 세가 주식에 투자했다. 참고로 당시 시급이 900엔(9000원) 정도였는데 의대생은 시급 3000엔(3만 원)짜리 과외 아르바이트를 할 수 있었다. 덕분에 소액이지만 목돈을 모으기가 크게 어렵지 않았다. 게다가 히로시마 지역에서는 '히로시마 의대' 학생이 성적이 제일 좋았으므로 과외 선생 자리 수요는 정말 많았다.

예상대로 세가는 드림캐스트를 정리하고 플레이스테이션에 소프트웨어를 공급하겠다고 발표했다. 주가는 단숨에 3배 이상 올랐다. 이것이 주식투자로 처음 성공한 투자 경험이었다.

나처럼 처음 투자할 때는 게임이나 엔터테인먼트, 패션처럼 자신이 잘 아는 회사나 업계의 주식으로 도전해 보는 것이 좋다.

의사국가고시에 떨어졌다!

의대에 들어가기만 하면 의사가 되는 게 아니라 '의사국가고시'에 합격해야 한다. 물론 합격률은 꽤 높은 편으로 해마다 조금씩 다르지만 보통 90% 이상은 합격한다. 대학 시절 나는 하루가 멀다 하고 마작이나 하러 다니며 제대로 공부하지 않았다. 스스로도 자각하고는 있었지만 그때까지 모든 시험이 잘 풀렸기 때문에 설마 떨어질 리가 없다고 믿었다. 하지만 결과는 믿을 수 없는 불합격이었다. 동기들은 대부분 합격했는데 나만 떨어져서 분하기도 하고 너무 창피했다.

엎친 데 덮친 격으로 당시 주식투자 결과도 썩 좋지 않았다. 세가 주식의 투자 성공으로 150만 엔(1500만 원)까지 불었던 자산이 어느새 원금인 50만 엔(500만 원)까지 줄어들었다. 그제야 난 정신을 차렸다. 의사국가고시도 주식투자도 제대로 공부해야겠다 마음을 먹었다.

시험에 합격한 동기들은 '선배 의사'가 되었고 임상 경험을 쌓기 위해 연수의로 대학병원에서 일하기 시작했는데 불합격 낙인이 찍힌 나는 일도 안 하고 그냥 백수 신세였다. 끝도 없는 열등감에 시달렸다. 하지만 그 열등감 덕분에 24년 인생 처음으로 스스로 공부하게 되었다. 물론 의학보다 주식에 대한 공부 의욕이 더 강했다. 당시 재무설계사(FP, Financial Planner) 공부를 했을 정도다. 의대 공부는 어디까지나 의사국가고시에 합격할 정도로만 했다.

나는 '매일 주식 관련 책을 읽기'로 결심한 뒤 연간 100권 정도를 읽고 나서 큰 깨달음을 얻었다. '저평가된 주식을 장기적으로 보유하는 것이 주식의 왕도'라는 사실을 배운 것이다.

지금 생각하면 의사국가고시에 바로 합격해서 연수의가 되었으면 너무 바빠서 제대로 주식 공부를 하지도 못했을 것이다. 시험에 떨어지고는 정말 분하고 부끄러웠지만 오히려 다행이었다. '세상만사 새옹지마'라고 하더니 옛말에 그른 게 하나도 없다.

너희도 분명히 인생을 살다 보면 어쩔 수 없이 마음고생을 할 때가 있을 것이다. 부정적인 감정을 평생 끌고 갈지, 반대로 '그때 그 실패의 경험 덕분에 지금의 내가 있다'고 생각할 것인지는 전적으로 너희에게 달렸다. 나는 진심으로 후자가 되기를 바란다.

29세에 억대 부자가 되다

의사국가고시에 떨어지고 1년 후 다시 공부해서 응시한 결과 무사히 합격했다. 그 후 2년 동안은 연수의로서 눈코 뜰 새 없이 바쁜 나날을 보내게 되었다. 주식을 할 여유 따위 없기도 하고 또 해서도 안 된다고 생각했다. 그래서 한 가지 방법을 찾아냈다. '연수의 2년 동안은 주식을 사고파는 것은 그만두고 한동안 묵힐 수 있는 주식을 사 두자.'

그래서 산 주식이 호주의 '금 관련주'였다. 금 관련주는 금이나 귀금속의 채굴과 정련을 하는 회사의 주식을 말한다. 당시 금 1트로이온스(약 31g)를 채굴하는 데 드는 비용이 500달러 정도였다. 반면 팔 때는 1트로이온스가 300달러 정도밖에 하지 않는 상태였다. 참고로 '트로이온스'라는 단위는 금이나 은, 백금과 같은 귀금속을 계량할 때 사용하는 단위이다. 즉 캐면 캘수록 적자를 보는 이상한 상황이었다. 하지만 채산이 맞지 않는다고 해서 전 세계의 금광산이 폐쇄되느냐 하면 그건 있을 수 없는 일이다. 결국 나는 상황을 살펴본 뒤 다음과 같은 결론을 내렸다. '언젠가 금 가격은 올라갈 게 틀림없다. 그러

므로 지금 금광산의 권리를 보유한 회사의 주식을 사 두면 연수의 2년 동안 반드시 올라갈 것이다.'

그래서 여러 가지를 조사한 결과 당시 적자가 나서 주가가 떨어져 있던 호주의 금 관련주에 눈독을 들이고 자금을 투입했다. 그때 투자금은 과외 아르바이트와 주식투자로 불린 600만 엔(6000만 원)이 조금 넘는 돈이었다. 20대 중반의 젊은이가 투자하는 금액치고 큰 편이지만 '만일 몽땅 잃어도 의사로 일하면 꼭 되찾을 수 있다'고 생각해서 별로 주저하지 않았다. 그리고 2년 동안 연수의로서 벌어들이는 월급을 떼서 또 이 금광주에 추가 투입을 했다. 그 결과 연수의 2년이 끝났을 때 금 관련주는 내가 예상하던 대로 가격이 올라갔다. 1트로이온스가 800달러까지 올랐을 때 매각했다.

당시는 금을 광산에서 운반하는 운전기사의 연봉이 1500만 엔(1억 5000만 원)이나 되었다. 그만큼 경기가 좋았으므로 내가 산 금 관련주의 주가는 10배 이상으로 뛰어올랐다. 그 타이밍에 모든 주식을 매각하고 단숨에 자산을 9000엔(9억 원)까지 늘렸다. 그 9000만 엔(9억 원)은 다시 주식투자로 돌렸다. 그렇지만 이 무렵에는 연수의를 끝내고 마취과의로 독립하려고 하는 참이었다. 의사 업무에 집중하고 있었기 때문에 주식투자에 힘을 쏟지는 못했지만 코나미컴퓨터엔터테인먼트도쿄(현 코나미그룹: 9766)나 선시티(2011년 상장 폐지)를 비롯한 20~30개의 종목에 분산투자 하고 있었다. 그 주식들이 조금씩 올라서 2005년 말에는 자산 총액 1억 엔(10억 원)을 넘어서게 되었다. 29세에 소위 '주식 부자'가 됐다는 사실은 나를 조금 흥분시키기도 했다.

리먼 사태로 직격탄을 맞아 자산이 30% 감소하다

일단 자산 1억 엔(10억 원)을 달성했지만 다음 해인 2006년부터 주식 시장이 좋지 않은 시기가 이어졌다. 개중에는 조금 오른 주식도 있고 또 다른 주식은 내려가기도 하면서 2008년 정도까지는 자산 1억 엔(10억 원) 전후로 제자리걸음이었다.

그리고 2008년 9월에 미국 대형 투자은행인 리먼브라더스의 파산으로 세계적인 금융위기를 일으킨 '리먼 쇼크'의 영향을 직격탄으로 맞았다. 투자업을 운영하던 제이브릿지(현 아시아개발캐피털: 2023년 상장 폐지) 주식으로 약 1000만 엔(1억 원)의 손실을 입은 것을 시작으로 자산 총액 7000만 엔(7억 원)으로 주저앉기까지 30%나 날아가 버렸다.

한편 폭락하는 시기는 '절호의 매수 시장'이기도 하다. 그래서 나는 리먼 쇼크로 거의 모든 종목의 주가가 떨어졌을 때 수중의 자금을 몽땅 주식에 몰아넣었다. 당시 사귀던 여자 친구(너희 엄마)와 결혼식을 올리기 위해 모았던 돈까지 털어 넣었다. 그때 산 주식은 첨

가제와 품질 보존제를 개발, 제조, 판매하는 프로인트산업(Freund Corporation: 6312)이라는 회사였다. 항상 내 편이던 여자 친구가 그때 만큼은 엄청 화를 내서, 하마터면 결혼도 못 할 뻔했다.

하지만 나는 자신 있었다. 그 회사는 연간 10억 엔(100억 원)의 수익을 낼 수 있는 저력이 있었고 자산도 50억 엔(500억 원)이나 보유한 곳이었다. 그런 회사가 시가총액 20억 엔(200억 원)의 헐값에 팔려나가다니, 말도 안 될 만큼 저평가되었다고 확신했다. '시가총액'은 회사 주식의 총액을 말한다. 그 회사를 통째로 사려고 했을 때 시장의 가격인 셈이다.

연수입이 10억 엔(100억 원)이고 50억 엔(500억 원)의 자산이 있는 회사가 20억 엔(200억 원)에 팔려 나간다? 이건 어떻게 생각해도 너무 싼 거 아닌가? '어차피 오를 게 분명하니까 지금 사 두지 않으면 손해'라는 기분이었지만 여자 친구의 편을 드는 사람들이 정말 많았다. 하지만 후회는 하지 않았고 지금이라도 마찬가지로 행동했을 것이다.

30대에 자산 60억 원을 돌파하다

투자는 보란 듯이 성공해서 결과는 대성공이었다. 폭락할 때 샀던 주식은 비교적 짧은 기간에 2배로 뛰었고 그 매매 수익만으로도 여유롭게 결혼식을 올릴 수 있었다.

그 뒤부터 투자는 순조로웠다. 나중에 설명하겠지만 2009년에 산 아크랜드서비스(ARCLAND SERVICE, 현 아크랜드서비스홀딩스: 2003년 상장 폐지)[3]와 고베물산(3038)을 매각해서 자산이 2억 엔(20억 원)으로 늘었다. 그리고 2013년 매각한 아이플(アイフル: 8515) 덕분에 30대의 나이에 자산이 6억 엔(60억 원)으로 불었다.

소비자 금융 대기업인 아이플은 부모로서 아이들이 평생 신세 질 일이 없기를 바라는 회사이지만 내게는 주식으로 정말 많은 돈을 벌게 해 준 곳이다. 젊은이들은 잘 모르겠지만 '다케후지(武富士)'라는 소비자 금융도 유명하고 호피 무늬 옷차림의 여성들이 춤추는 CM, 소위 '다케후지 댄서'의 광고는 1991년부터 2010년까지 계속 방송되어 엄청난 인기를 끌었다.

그런 다케후지도 2010년 9월, 도쿄 지방법원에 회사갱생법[4] 적용을 신청했고 사실상 파산해 버렸다. 파산한 이유는 이용자들이 과거 법정 이율을 초과해서 지급한 이자를 반환해 달라고 청구해서 회

---

[3] 1986년 설립된 외식산업체로 자회사인 돈가스 덮밥 체인점인 '가츠야'가 유명하다. 2023년 외식업체 아크랜드(Arclands)의 완전 자회사가 되었다. https://www.arclandservice.co.jp/

[4] 경영이 어려워져 회복하기 어려운 회사의 사업을 다시 살리려는 목적으로 1952년에 일본에서 제정된 법률로, 한국에도 과거 존재했다가 사라지고 2006년부터 시행된 '채무자 회생 및 파산에 관한 법률'이 이에 해당한다.

사 경영이 어려워졌기 때문이다.

아이플도 상황은 마찬가지였다. 한술 더 떠서 회사채, 즉 자금조달을 위해 발행한 채권의 이율도 너무 높았다. 그래서 다들 아이플도 다케후지에 이어 도산하는 게 아닌가 생각했다. 그 비관적인 전망 탓에 2011년에는 아이플의 주가가 한 주에 100엔(1000원)도 안 되는 낮은 수준에서 지지부진한 상태였다.

그런데 우연히 2012년 아이플의 1분기 결산을 확인했는데 놀랍게도 제대로 '영업이익'을 올리고 있었다. 그래서 난 '어쩌면 앞으로 실적이 늘어날지도 모르겠다'고 생각하고 주시했다. 아니나 다를까 2분기도 역시 실적이 꽤 좋았다. 실적이 오르고 있었기에 지금이 살 때라고 생각해서 꽤 큰돈을 아이플 주식에 투자했다. 가족은 물론 친척한테까지 '지금은 꼭 아이플 주식을 사야 해!'라며 추천을 해서 대부분이 모두 샀을 정도였다.

그리고 얼마되지 않아 한 주에 220엔(2200원) 남짓했던 주식이 2013년 5월에는 1600엔(1만 6000원)을 넘었다. 불과 반년 만에 7배나 뛰어오른 셈이다.

그때는 슬슬 과열이라고 느껴졌고 바로 매각했다. 그 뒤로 아이플 주가는 계속 제자리걸음을 하다가 죽죽 떨어지기 시작했다. 좋은 타이밍에 판 셈이다. 그 후 2013년부터 10년 정도는 주식에 전처럼 집중하지 않았다. 가장 큰 이유는 바로 딸들의 존재였다.

10년간의 투자 공백

결혼하고 우리 부부는 맞벌이를 했기 때문에 딸들이 태어나자 육아를 우선시하지 않으면 안 되었다. 주식투자에 시간을 들이기가 어려워졌다. 그래서 주식 공부를 별로 하지 않게 되자마자 성과도 바로 떨어져 버렸다. 또 주식투자에 대한 동기부여도 별로 없었다. 이미 평생 먹고살 만큼 자산을 벌어 놓은 데다가 마취과 의사라는 우선은 굶어 죽지 않을 직업도 있었다.

"이제 돈도 충분히 벌었으니까 지금은 아이들과 보내는 시간이 더 중요하지 않을까?"라는 아내의 말에 고개를 끄덕였다. 그 결단에 후회는 없다. 딸들과 보낸 시간은 정말 무엇하고도 바꿀 수 없었으니까. 그때 주식에 몰두해 자산이 100억 엔(1000억 원)까지 늘었다고 한들 딸들의 성장을 지켜보는 것이 더 가치 있었을 것이다.

그런 중에도 조금씩은 주식투자를 하고 있었다. 그 10년 동안 어느 정도 수익을 올린 주식이라고 하면 다키가미공업(瀧上工業: 5918), 산세이테크놀로지스(三精テクノロジーズ: 6357), 시큐브(C.Cube: 2018년 상장 폐지) 종목이었다. 모두 장기 보유하다가 다키가미공업은 3000엔(3만 원)에 사서 8000엔(8만 원)으로, 산세이테크놀로지스는 400엔(4000원)에 사서 1400엔(1만 4000원), 시큐브는 350엔(3500원)에서 800엔(8000원)으로 올랐다. 그때까지 고공행진하던 투자 성적에 비하면 소박하지만 각각 몇 배씩 올랐으므로 일반적으로 봐서는 꽤 좋은 편이었다.

교량·철골 사업을 운영하는 다키가미공업은 자산가치를 높게 평가했다. 게다가 조만간 MBO(Management BuyOut, 경영자매수) 할 가능성이 있다고 생각해서 매수했다. MBO는 경영진이 자기 회사의 주식이나 사업 부문을 매수해서 경영권을 취득하는 행위다. MBO가 발표되면 통상은 현재 주가에 '프리미엄'이라고 불리는 '할증 가격'을 붙여서 사는 경우가 많기 때문에 자연스럽게 주가는 올라간다. 10년 동안 보유했지만 결국 예측은 빗나갔고 MBO는 실행되지 않았다. 그래도 저평가되었던 자산이 제값을 받아서 3배 가까이 올랐을 때 팔 수 있었다.

산세이테크놀로지스는 놀이기구나 무대 설비, 엘리베이터, 로봇 등 다양한 특수 기계와 설비를 설계하고 제조·보수까지 전체를 일임해서 수주하는 회사다. 디즈니랜드나 유니버설스튜디오재팬(USJ)에 놀이기구를 제공하는 것으로 유명하다. 놀이기구 영역에서는 세계적으로도 독보적인 시장 점유율을 자랑한다. 이곳처럼 업계에 별다른 경쟁자가 없는 기업은 가격 경쟁에 휘말릴 필요가 없다는 강점이 있다.

1954년에 설립된 시큐브는 원래 통신설비를 구축하던 회사의 강점을 살려 2010년 무렵부터 정보통신 분야와 함께 스마트 에너지와 농업 솔루션 분야로 사업 영역을 확대해 왔다. 최종적으로는 2018

년에 교와엑시오(協和EXEO, 현 엑시오그룹: 1951)와 주식교환을 통해 TOB(Take Over Bid, 주식공개매수)가 성립했고 덕분에 주가가 상승해서 좋은 가격으로 매각했다. TBO는 기업을 인수하거나 합병할 때 혹은 자회사로 만들 때 시행하는 경영 수법이다.

2020년 초반, 신형 코로나바이러스의 감염 확대로 세계적으로 주가가 급락했던 '코로나 쇼크' 때는 지금이 살 때라고 확신해서 고베제강소(神戸製鋼所: 5406), INPEX(1605)[5]와 같은 석유 관련주를 있는 대로 사들였다. 한때 자산이 11억 엔(110억 원)에서 8억 엔(80억 원)까지 곤두박질쳤지만 이들 주식이 순조롭게 가격을 회복해 준 덕분에 손실분을 웃도는 이익을 얻을 수 있었다. 역시 폭락할 때가 매수장인 법이다.

파이어족은 적성에 안 맞았다

참고로 그 10년 동안 나는 페이 닥터를 그만두었다. 38세 때였다. 딸들이 태어나 주식 공부에 힘을 쏟지 않게 되니까 눈에 보이게 성과가 떨어졌다. 내 투자 성적은 기업 분석에 근거하는 것이어서 어

---

[5] 국제석유개발제석(国際石油開発帝石) 주식회사로 일명 INPEX Corporation. 석유·천연 가스 등의 조사·탐광·개발·생산·판매가 주요 사업이다.

쩔 수 없는 일이었다. 그래도 주식은 좋아했고 변함없이 '의사 일은 대강한다'라는 느낌이어서 점차 '평생 먹을 만큼의 재산도 있고 일을 그만두고 전업투자자가 되는 것도 괜찮겠다'고 생각하게 되었다.

한번 결심을 하면 난 행동이 빠르다. 병원을 그만두고 전업투자자가 되었다. 그 배경에는 옛날에 읽은 로버트 기요사키의 책《부자 아빠 가난한 아빠》에서 배운 '조기 은퇴자'라는 개념이 있었다. 요즘 사람들이 말하는 FIRE(Financial Independence, Retire Early, 재정적 독립과 조기 은퇴)지만 이 책에서는 '돈을 위해서 일하기보다 일을 그만두고 즐기면서 살자'라고 쓰여 있었다. 나 자신도 주식을 하면서 조기 은퇴한 후의 자유로운 생활을 꿈꾸고 있었다. 하지만 결과적으로 보면 '전업투자자'의 생활은 반년 만에 끝이 났다.

이유가 몇 가지 있다. 전업투자자라는 것은 기본적으로 집에서 시간을 보내게 된다. 집안일이나 육아에 대해서는 아내가 더 많이 분담해 주었지만 사람마다 방식이 다른 법. 나는 좋다고 생각해서 한 일이지만 아내의 방식과 다르거나 간섭을 하게 되면서 부부 싸움이 나기도 했다.

또 내 투자법은 매일 컴퓨터 화면을 들여다보면서 빈번하게 단기 매매를 되풀이하는 '데이트레이딩(Day Trading)'이 아니라 기본적으로 중장기로 보유하는 스타일이어서 그렇게 바쁘지 않았다. 그래서 우선은 매일 좋아하는 게임에 열중했는데 서서히 목이 아파왔다.

그래서 이번에는 마작으로 시간을 때우기 위해 대학 시절 이래 처음으로 마작 게임장에 다니기 시작했다. 하지만 평일 낮에 마작 게임장에 모이는 사람은 아무래도 정년퇴직한 할아버지가 많았다. 일도 안 하고 마작 하러 다니는 38세 아저씨는 나밖에 없었다.

결국 파이어족으로 조기은퇴한 뒤의 자유분방한 생활은 금방 질리고 말았다. 게다가 시간이 남아도니 필요 이상으로 주식시장을 자주 들여다보게 되었다. 그러다가 괜찮은 주식이라는 생각이 들면 익숙지 않은 데이트레이딩에 손을 대기도 했다. 낯선 일들을 하니 역시나 돈을 벌지 못했고, '이럴 거면 차라리 일하는 게 낫겠다'고 결론을 낼 때까지 반년도 걸리지 않았다.

마침 그 무렵 친구가 병원을 새로 만드는데 부원장이 되어서 도와달라고 했다. 재미있을 것 같기도 하고 마침 좋은 기회라고 생각해서 승낙했지만 실제로 해 보니 생각지 못한 현실의 벽에 부딪쳤다. 나는 주식투자를 한 적이 있으니 아무래도 경영자의 관점에서 일을 생각하게 된다. 한편 원장은 어디까지나 의사의 시점이었다. 이 시점의 차이가 융합하지 못하고 의견이 대립하기만 했고, 결국 부원장 자리에서 물러나게 되었다. 어느 한쪽의 의견이 명백하게 잘못이 있다면 서로 이야기를 통해 설득하고 이해할 수 있었겠지만 관점이 달라져서 생기는 의견의 차이는 도저히 좁힐 수가 없었다.

세 마리 토끼를 잡으려고 했다

병원 부원장을 그만두고 나는 볼더링 체육관 개설에 도전했다. 볼더링 체육관은 커다란 암벽이나 벽면을 자기 팔다리로 올라가는 볼더링을 암벽 모양으로 만든 벽에서 안전하게 즐길 수 있는 시설이다. '뜬금없이 무슨 볼더링 체육관?'이라고 생각하겠지만 이것도 계기는 주식이었다. 취미가 볼더링이었던 건 아니다.

사실은 리먼 쇼크로 자산을 잃었을 때 '아무리 내가 열심히 해도 스스로 일해서 돈을 버는 것에는 한계가 있다'고 생각한 나는 '부동산 투자'에도 손을 대기 시작했다. 그리고 부동산 투자용 물건을 찾으러 다니다가 점점 흥미를 가지게 되었다. 하지만 갑자기 아빠가 '볼더링 체육관을 경영하겠다!'라고 하면 어떤 가족이든지 놀랄 수밖에. 예상대로 그때는 아내의 허락을 못 얻어서 그 물건은 놓치고 말았다. 하지만 그 후 '역시 볼더링 체육관 경영을 해 보고 싶다'라는 생각이 강해져서 도전해 보기로 했다.

물건 소재지의 구청 직원과 다투거나 하는 우여곡절을 겪으면서 2018년에 볼더링 체육관을 열었다. 꽤 큰 규모여서 나는 '일본 최고의 볼더링 체육관'이라고 생각했다. 실제로 볼더링 일본 대표 선수가 우리 체육관에 연습하러 오기도 하고 큰 대회가 개최되기도 했다. 덕분에 일반 고객이 많이 이용해 주어서 성황을 이루었고 의료와는 다른 형태로 조금이나마 사회에 공헌할 수 있지 않을까 하는 작은 자부심도 있었다.

체육관 개설과 병행해 프리랜서 마취의로 일주일에 하루는 의료 현장에 복귀하기로 했다. TV아사히의 인기 드라마《닥터-X~외과의·다이몬 미치코~》에 배우 우치다 유키(內田ゆき)가 연기하는 '조노우치 히로미'라는 프리랜서 마취의가 등장하는데, 그래선지 나름대로 마취의 수요가 있었다. 규모가 크지 않은 병원의 경우 매일 수술이 있는 건 아니라서 상근하는 마취의는 필요가 없다. 그래서 프리랜서 마취의의 대우가 아주 높았다.

어느 정도 세월이 지나서 볼더링 체육관의 운영은 직원에게 거의 맡겨 둘 수 있게 되었다. 그러자 마취과 의사 일을 늘려서 일주일에 4~5일은 일하게 되었다. 따져 보니 페이 닥터로 일할 때와 거의 다를 바 없는 스케줄로 활동하고 있었다. 한때는 마취과 의사의 일이 끝나고 체육관에 돌아가서 사장 업무도 봐야 했기에 페이 닥터로 일하는 의사보다 더 바빴을지도 모른다. 프리랜서 마취의로 의뢰를 받는 일이 늘어난 결과이지만 그렇게 해서 누군가 나를 필요로 하고 그래서 사회와 연결되는 느낌이 살아가는 데 순수한 활력이 되었다. 반년 동안 체험한 파이어족의 자유로운 생활 속에서는 느끼지 못하던 것이었다.

조기 은퇴를 하기 위해 정신없이 일하고, 거기서 얻은 경제적인 수익을 원천으로 투자에 힘써서 충분한 자산을 이루었음에도 불구하고, 은퇴하기 전의 일을 풀타임으로 하다니 우스꽝스럽게 보일지도 모른다. 벨기에의 극작가 모리스 마테를링크(Maurice Maeterlinck)의 동화《파랑새》에 행복의 파랑새를 찾아다니며 여행을 했지만 꿈에서 깨어났더니 키우던 새가 파랑새라는 사실을 깨달았다는 이야기가 있다. 나도 마찬가지 생각에 시달렸다. 모름지기 사람은 20대에 열심히 한 일이 평생의 양식이 되는 경우가 많다. 자신의 강점을 살려서 사회에 공헌하는 일이야말로 행복으로 가는 지름길일지도 모른다.

말기 직장암 판명, 네 번의 수술

2022년 내 투자 의욕이 다시 한번 불타오르는 사건이 일어났다. 암을 선고받은 것이다. '이대로 죽을지도 모른다'라고 생각하니 '지금껏 살아온 증거를 투자 실적으로 남기고 싶다'라는 마음이 강해졌다.

투병 생활 중에도 기업 분석을 몇 번이고 되풀이하면서 앞으로 조선업계가 크게 성장할 거라는 확신이 들었다. 그때 나무라조선소(名村造船所: 7014)라는 유망주를 발견했다. 10억 엔(100억 원)이 넘는 원금의 대부분을 나무라조선소에 모두 털어 넣어 주력 종목으로 삼았다. 남은 자금도 거의 모두 조선 관련 종목에 털어 넣었다. 그만큼 확신을 가지고 있었다. 결과는 상상 이상의 급등. 나는 나무라조선소와 다른 조선 관련 종목을 매각했고 다시 HD한국조선해양(009540)

에 집중투자 해서 자산이 50억 엔(500억 원)까지 불어났다. 만일 내게 무슨 일이 생겨도 가족의 생활이 어렵지 않을 만큼의 돈을 남길 수 있다는 사실이 기뻤다. 하지만 그 정도로는 만족할 수 없다. 살아 있는 한 나는 힘껏 주식을 살 것이다.

한편 사람들은 '본인이 의사인데 직장암 4기가 될 때까지 알아차리지 못했나?' 하고 생각할지도 모른다. 하지만 오히려 내가 의사였기 때문에 말기가 될 때까지 눈치를 채지 못한 거다. 대장암이나 직장암은 초기 단계에는 거의 자각증상이 없다. 진행되면서 '혈변'과 같은 증상이 나타나니까 보통 사람이라면 그때 병원을 찾게 된다.

하지만 나는 의사로서 '대장암과 직장암의 유병률이 주로 40대부터 늘기 시작해 60대부터 현저하게 증가하기 시작한다'라는 사실을 알고 있었다. 가끔 혈변이 나오기는 했지만 일반적으로 생각해서 99% 이상의 확률로 '치질'로 인한 혈변이라고 방치해 버렸다. 마취과 의사로서 나는 1000회 정도의 대장암과 직장암 환자의 수술에 들어갔지만 40대 환자는 아무도 없었기에 방심했다. 그래서 40대인 내가 직장암에 걸리리라고는 꿈에도 생각하지 못했다. 항문에 내시경을 삽입해서 대장 전체를 관찰하는 '대장내시경'은 꽤 힘들다. 그것도 잘 알고 있었다. '99.9% 대장암이 아닌데 하루 일을 쉬면서까지 그런 힘든 검사를 받고 싶지 않다'라는 생각이 검사를 받는 타이밍을 늦추었다. 정말 아이러니한 일이다.

검사 결과의 화면을 본 순간, 담당의가 무언가 말하기도 전에 '아, 난 이제 죽는구나'라는 생각이 머릿속을 지나갔다. 그 정도로 내 몸속은 참담한 지경이었다. 하지만 수술이 가능할 정도의 여지가 남겨진 것은 불행 중 다행이었다. 직장 절제, 전이된 간 절제, 인공항문 폐쇄 수술까지 수술을 세 차례 하고 나서 항암 치료를 계속했지만, 수술한 지 약 1년 후인 2023년 안타깝게도 암이 재발하고 말았다.

다시 수술해서 눈에 보이는 암 덩어리는 제거했지만 그 후에 이어진 항암 치료는 정말 힘들었다. '죽어도 좋으니까 치료하고 싶지 않다'고 생각할 정도였다. 정말 가족의 존재만이 나를 버티게 해 주었다.

벌써 네 차례나 수술을 했으니 더 이상 수술은 해 봐야 의미가 없다. 즉 다음에 재발하면 끝이다. 그렇게 생각하면서 민간요법에도 기대어 봤지만 유감스럽게도 2024년 말에 폐와 간의 전이가 발견되었다. 49세 때의 일이다. 주치의가 말했다. "50세까지라면 몰라도 51세는 장담할 수 없습니다." 시한부 인생을 선고받았다. 10년 후, 그리고 20년 후 가족과 함께 웃을 수 있을지 알 수 없다. 하지만 나는 마지막까지 포기하지 않을 것이다.

PART 1

싸게 사서 비싸게 판다
↗
'가치주 투자' 완전정복

먼저 가치주 투자를 이해하자

지금부터 나의 투자법을 구체적으로 알아보자. 핵심은 '시클리컬가치주 투자'다. 경기순환에 따라 흑자와 적자를 주기적으로 되풀이하는 '시클리컬가치주'에 대한 투자가 수익을 올리는 데 가장 효과적이기 때문이다.

그 전에 먼저 '가치주 투자'를 제대로 알아야 한다. 앞서 시클리컬가치주 투자가 제일 돈을 많이 벌 수 있다고 했으니 그것만 알면 되지 않냐고 생각할 수 있다. 하지만 틀렸다. 세상일에는 꼭 알아야 할 '기본'이라는 게 있다. 공부도 마찬가지다. 기본 개념도 익히지 못했는데 갑자기 응용문제를 풀 수는 없는 노릇이다. 가치주 투자는 시클리컬가치주 투자에 비하면 '개념 문제'처럼 반드시 이해해야 하는 내용이다.

비교적 난이도가 낮은 가치주 투자부터 정확히 알아 두면 시클리컬가치주 투자를 훨씬 쉽게 이해할 수 있다. 가치주 투자를 공부하면 투자의 선택지가 늘어난다는 장점도 있다. 나중에 설명하겠지만 막상 시클리컬가치주에 투자하려고 해도 마땅한 주식이 없을 때가 있다. 그때는 가치주 투자의 지식을 활용해서 괜찮은 종목을 골라 투자할 수 있다. 실제로 내 수익 포트폴리오를 보면 자산가치주 10%, 수익가치주 10%, 시클리컬가치주 80%의 비율로 구성되어 있다. 가장 수익 기대치가 높은 것은 역시 시클리컬가치주다. 물론 다른 가치주들도 충분히 돈을 벌 수 있다. 실제로 내가 가치주 투자라고 생각하고 사들인 아크랜드서비스(현 아크랜드서비스홀딩스: 2023년 상장 폐지)는 사들였을 때보다 10배 가까이 올라서 이른바 '텐배거(Ten-Bagger, 10배의 수익을 올린 주식)[6]'를 달성했다.

내가 가치주 투자에 눈을 뜬 것은 의사국가고시에서 떨어지고

---

6 매입 가격보다 10배 상승한 주식을 가리키는 말. 미국의 전설적인 펀드매니저 피터 린치(Peter Lynch)가 1989년 펴낸 《월가의 영웅(One Up on Wall Street)》에서 처음 사용했으며 야구 용어인 '10루타'에서 유래했다. 1루타는 100% 상승, 2루타는 200% 상승이라는 식으로 쓰는데 10배 상승이므로 10루타라는 뜻이다.

본격적으로 투자 공부를 시작한 25세 무렵이었다. 주식투자에 관한 책을 닥치는 대로 읽다가 '가치주 투자의 아버지'로 불리는 벤저민 그레이엄(Benjamin Graham)[7]과 그의 제자인 '투자의 신' 워런 버핏(Warren Buffett)처럼 내로라하는 미국의 투자자들이 가치주 투자를 추천한다는 사실을 알게 되었다.

나 자신도 주식은 '쌀 때 사서 장기간 보유하다가 주가가 올랐을 때 파는 것이 투자의 왕도'라고 생각하게 되었다. 그 사실을 깨달았을 때 난 인생에서 성공할 것이라고 믿어 의심치 않았다.

주식을 산다는 것은 그 회사의 일부를 소유하는 일이다. 또 회사가 발행한 주식 총량에 주가를 곱한 '시가총액'은 그 회사의 가치와 같아야 한다. 하지만 주가는 매일같이 바뀌지 않는가. 이건 생각해 보면 원래 이상한 일이다. 주가가 오르락내리락한다는 사실은 결국 주가가 회사의 가치를 반드시 올바르게 반영하지 않는다는 뜻이기도 하다. 실제 주가보다 높이 평가받는 주식도 있고 반대로 가치가 제대로 반영되지 않은 저평가 주식도 있다.

본래 지닌 가치보다 싸게 평가받는 저평가 주식을 사 놓으면 시간이 지나 사람들이 그 주식의 가치를 깨닫게 되고 주가도 올라간다.

---

[7] 벤저민 그레이엄(Benjamin Graham, 1894~1976). 투자가이자 경제학자, 교수로 증권분석의 창시자이자 가치투자 이론을 만든 인물이다.《현명한 투자자(The Intelligent Investor)》의 저자이며 워런 버핏의 스승으로도 유명하다.

그리고 주가가 올랐을 때 팔면 돈을 번다는 것이 가치주 투자의 본질이다.

나는 많아야 하루에 한 번 정도 주가를 확인하는 편이다. 일주일 내내 주식 차트를 보지 않을 때도 있다. 매매도 자주 하지 않아서 가장 적게 한 해에는 1년에 네 번밖에 매수하지 않았을 정도다.

가치주 투자자는 주가를 자주 보지 않는 편이 좋다. 가치주 투자자는 기본적으로 단기적인 주가의 등락을 근거로 매매하지 않는다. 그들은 '언젠가는 주가가 상승할 것'이라고 믿고 사는 사람들이다. 하지만 주가가 한참 지지부진하거나 미실현 손실(unrealized loss)[8]이 늘어나면 쓸데없는 생각을 하기 마련이다. '이 주식을 팔고 다른 주식을 사는 편이 좋을까?' 그러므로 빈번하게 주식 상황을 체크하지 않는 편이 더 좋다.

반년 정도였지만 파이어족 생활을 해 보면서 절감했다. 심심하니까 툭 하면 주식 차트를 들여다보다가 단기 트레이딩처럼 쓸데없는 짓을 하게 된다.

---

[8] 보유하고 있는 주식 등의 자산가치가 매수 가격보다 하락했지만, 아직 매도하지 않아 손실이 확정되지 않은 상태를 말한다.

주식의 네 가지 종류와 공략법

다양한 '주식'이 있지만 그 성격에 따라 크게 네 가지로 분류할 수 있다.

① 성장가치주(그로스주): 실적이 급성장하는 기업
② 수익가치주(실적안정주): 성장가치주만큼 급성장은 아니지만 안정적으로 실적을 올리는 기업
③ 자산가치주(실적부진주): 실적이 점점 나빠지지만 자산의 가치가 있는 기업

④ 시클리컬가치주(경기민감주): 경기에 따라 실적이 좋을 때와 나쁠 때가 순환하는 기업

일반적으로 '가치주 투자'는 ② 수익가치주와 ③ 자산가치주를 사는 투자를 말한다. 그중에서도 ② '수익가치주 투자'는 실적 부진주를 사는 ③ '자산가치주 투자'와는 구분된다. ② 수익가치주 투자에서 실적이 부진한 기업의 주식을 사는 이유는 그 기업이 지닌 부동산과 같은 '보유자산'이 매력적이기 때문이다.

다음 도표를 봐 주기 바란다. 앞에서 소개한 네 가지 투자법을 세로축에 '지표[PBR(주가 순자산비율)·PER(주가수익비율)]', 가로축에 '성장성'을 놓고 알기 쉽게 분류해 놓았다.

표에서 보면 오른쪽 위쪽의 종목은 주가가 비싸고, 왼쪽 아래 종목은 싸다. 또 오른쪽 아래 종목일수록 돈을 효과적으로 벌 수 있고 왼쪽 위일수록 돈을 벌 수 없다고 생각하면 된다. 시클리컬가치주는 실적이 나쁠 때는 '가치주', 실적이 좋아지는 과정에서 '성장주'로 취급되기도 한다.

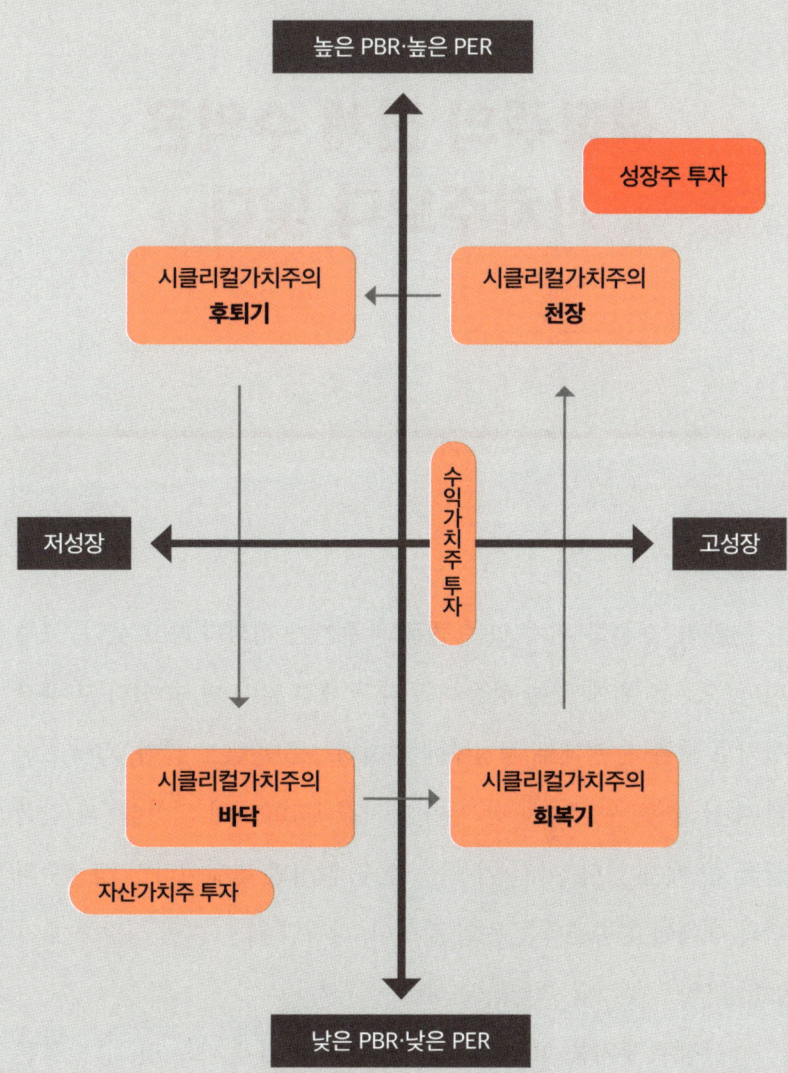

성장주의 전체 수익은 가치주보다 낮다

앞서 '오른쪽 위에 있는 종목의 주가가 비싸다'라고 했다. 그렇다면 '오른쪽 위에 있는 성장주 투자가 제일 많이 벌 수 있다'고 생각할지도 모른다. 실제로 성장주에 투자하는 사람들도 많다. X(옛 트위터)에서 종종 "원금 ○○만 엔이 단기간에 100배가 되었다!"와 같은 글을 볼 때가 있다. 사실 여부는 알 수 없지만 정말이라면 성장주의 단타 매매에 성공했다는 뜻일 것이다. 하지만 나는 그런 성장주 투자보다 가치주 투자를 추천하고 싶다.

성장주 투자는 '비싸게 산 주식을 더 비싸게 파는 것'이다. 물론 실적이 급성장해서 전략이 맞아떨어지면 수익이 엄청나다. 그건 나도 부정하지 않는다. 하지만 빗나갔을 때 리스크도 마찬가지로 큰 데다가 예측이 빗나갈 가능성이 훨씬 높다. 주식은 결국 '오르거나 내리는 것' 둘 중 하나다. 따라서 감으로 투자하거나 소문을 따라서 사더라도 한두 번은 맞을 수 있을 것이다. 하지만 그런 '감'에 기대는 투자는 재현성이 없다. 계속할수록 손해 볼 위험이 높아질 뿐이다.

미국 투자자 윌리엄 번스타인(William Bernstein)은 자신의 저서 《투자의 네 기둥(The Four Pillars of Investing)》에서 가치주와 성장주의 '연간 수익률'을 소개했다. 시카고대학교의 유진 파마(Eugene F. Fama)와 현재 다트머스대학교 대학원에서 일하는 케네스 프렌치(Kenneth R. French)가 공동 시행한 연구로, 1926년부터 2000년까지 미국 주식의 연간 수익률을 대형 가치주, 대형 성장주, 소형 가치주, 소형 성장주로 나누어 비교해 놓았다.

그 결과 대형 가치주는 12.87%, 대형 성장주는 10.77%, 소형 가치주는 14.87%, 소형 성장주는 9.92%였다. 즉 대형주나 소형주 모두 가치주의 수익이 성장주의 수익을 웃돌았다.

나아가 미국 이외 12개국의 수익률을 조사한 결과 역시 마찬가지였다. 이탈리아를 제외한 모든 나라에서 가치주의 수익률이 성장주의 수익률을 웃돌았다. 일본에서는 성장주가 7.55%인데 가치주는 14.55%로 무려 7%나 더 높았다.

사실은 위험한
성장주 투자의 진실

　　일본에서 성장주보다 가치주가 7%나 더 수익이 난다고 하지만 잘 와닿지 않을 수 있다. 하지만 이것은 상당한 차이다. 예를 들어 수중에 돈이 1000만 엔(1억 원) 있다고 하자. 그 돈을 은행에 예금하면 일본의 현재 평균 예금 금리(2025년 6월 시점 0.23%)로는 몇 년을 지나도 이렇다 할 만큼 돈이 불어나지 않는다. 하지만 그 돈이 매년 7%씩 늘어난다면 30년 후에는 7500만 엔(7억 5000만 원)이 넘는 엄청난 금액이 된다.

　　한편 대개의 상장기업은 '중기 경영계획'을 발표한다. 이 계획에서는 3년에서 5년 후의 실적 전망을 알 수 있는데 성장주 투자는 이것을 보고 장래 성장을 기대해서 투자하는 경우가 많다. 하지만 통계 데이터로 보면 '중기 경영계획은 80%에서 90% 정도의 확률로 달성되지 않는다'라는 것이 증명되었다. 즉 성장주는 '달성하기 어려운 중기 경영계획이 이루어진다는 전제하에 높은 주가가 매겨지는 것'이다. 게다가 '그 중기 경영계획은 80%에서 90%의 높은 확률로 하향 조정'된다. 그렇게 되면 주가는 엄청난 속도로 떨어질 것이다. 반값이라도 건지면 그나마 나은 편이다. 10분 1 이하로 떨어지는 경우도 수두룩하다.

가치주에 투자를 하다 보면 성장주의 가격 변동이 너무 빨라 눈부실 정도다. 가치주 투자는 특히 상승 장세에서는 주가의 오름이 너무 둔해서 애간장이 타는 일이 적지 않다. 성장주는 '연수익률 100%'나 '연수익률 300%'와 같은 믿을 수 없을 정도의 높은 성과를 보이기도 한다. 하지만 가치주의 성장은 기본적으로 아주 천천히 이루어지므로 성장주만큼의 상승폭은 바라기 어렵다. 그러므로 상승 국면일수록 가치주의 성과가 볼품없이 느껴지기 쉽다. 하지만 오랫동안 가치주 투자를 계속한 결과 억 단위의 자산을 쌓은 사람도 꽤 있다. 기대치가 높고 리스크를 줄이는 방법이야말로 가치주 투자인 것이다.

나는 특별히 투자를 잘하는 사람은 아니다. 투자에 재능이 없어도 중장기적인 관점으로 가치주 투자를 하면 누구나 돈을 벌 수 있다.

만일 너희들이 하루에 몇 번씩 반복적으로 사고파는 데이트레이딩으로 100% 이길 수 있는 확신이 있다면 말리지 않겠다. 하지만 아마 그런 재능은 없을 테니 데이트레이딩은 그만두는 편이 좋다. 그것만큼은 자신 있게 말할 수 있다. 주식투자는 어디까지나 '인생을 풍요롭게 할' 수단으로 활용하기 바란다. 그렇게 생각한다면 필연적으로 단기투자는 제외될 것이다.

투자를 막 시작했을 때는 주가가 급상승하는 종목에 매력을 느낄 것이다. 젊을 때는 여러 가지를 경험해 보는 것도 나쁘지 않다. 하지만 명심해야 할 것은 생활을 곤란하게 만드는 투자는 절대 안 된다는 것이다. 가치주 투자는 '주가가 급격히 변동하는' 일은 거의 없다. 그런 특성은 관점에 따라서는 단점이지만 나처럼 일하면서 투자하는 사람에게는 장점이다. 갑자기 주가가 떨어져도 일하느라 제대로 대응하지 못하기 때문이다. 이런 점들을 종합적으로 고려했을 때 전업 투자자가 아닌 이상 일반적인 개인투자자에게 최선의 투자법은 가치주 투자다.

기업의 가치란 무엇일까?

지금까지 계속해서 '가치주 투자'라고 했지만 애초에 '기업의 가치'는 무엇일까? 간단히 다음과 같은 공식으로 나타낼 수 있다.

기업의 가치 = 보유자산 + 장래의 수익

앞에서 이야기한 것처럼 기업의 가치는 주가와 반드시 일치하지는 않는다. 실제 주가는 다음과 같이 계산할 수 있다.

주가(기업의 가치) = 보유자산 + 장래 수익(+ 바이어스)

여기서 바이어스는 '이 기업의 주가는 절대 오른다'거나 혹은 '이 기업은 장래성이 없다'와 같은 투자자들의 편견이다. 가치주 투자에서 성공하려면 '기업의 가치'를 올바르게 평가해야 한다. 그리고 투자를 할 때는 바이어스를 배제하고 기업의 가치를 생각할 수 있어야 한다.

그렇다면 어떻게 기업의 가치를 측정할 수 있을까? 다음 장부터 순서대로 알아보자.

PART 2

싸다고 사지 않는다, '자산'이 있기에 산다

↗

자산가치주 투자

자산가치주 투자

'자산'에 비해 주가가 저평가된 종목을 사는 투자법

난이도  수익 기대치

찾는 법
- PBR(주가순자산비율) 0.5배 이하, 자기자본비율 60% 이상으로 스크리닝

체크 포인트
- 결산단신에서 적자 수준이 지나치지 않은지 확인
- 재무상태표에서 순현금(Net Cash), 영업권(Goodwill), 매출채권을 체크
- 유가증권보고서에서 토지와 유가증권의 장부가액을 확인하고 현재가치와 비교

팔 때
- 실적의 성장 시나리오가 빗나갔을 때
- 더 좋은 유망주를 찾았을 때
- 단기간에 지나치게 급등했을 때
- 배당금이 나오기 직전

장점
- 급격한 주가 하락이 적다

단점
- 언제쯤 주가가 오를지 알기 어렵다

1
자산가치주의 특징

자산가치주란 무엇일까?

가치주 투자의 기본을 알았으니 이제 본론에 들어가 보자.

지금부터는 '자산가치주 투자' → '수익가치주 투자' → '시클리컬가치주 투자'의 순서대로 각각의 특징과 회사 찾는 법, 그리고 살 때와 팔 때를 알아보겠다.

자산가치주란 한마디로 'PBR(주가순자산비율)이 낮고 재무상태가 양호하며 보유자산의 가치가 높은 주식'이다.

'보유자산의 가치가 높다'는 것은 '아주 오래전에 싸게 사들

자산이 많고 회사 청산가치가 높은데도 시장에서 제대로 평가를 받지 못한 저평가주를 말한다. 토지와 현금과 같은 자산에 주목해서 투자해야 한다.

영업이익과 배당 등 기업이 수익을 올리는 능력에 비해 주가가 저평가된 주식. PER이나 배당 이익을 살펴보고 싸고 좋은 주식을 찾아야 한다.

'자산가치주'는 기업이 보유한 부동산이나 현금과 같은 자산가치에 주목해서 싸다고 판단한 주식을 말한다. 한편 '수익가치주'는 기업의 이익이나 배당과 같은 수익 창출 능력에 주목해서 저렴하다고 판단된 주식이다.

인 토지와 주식을 몇십 년 동안 보유하다 보니 가격이 많이 올랐다'는 이야기다. 옛날부터 보유하던 토지를 매각해서 그 이익을 투자자에게 환원한다는 소식이 발표되면 당연히 주가는 오른다.

구체적인 예를 살펴보자. 흔히 '자산가치주의 대장'격으로 불리는 회사는 쇼와비행기공업(昭和飛行機工業: 2020년 상장 폐지)으로 이 회사는 1937년 창업한 노포 기업이다. 이처럼 자산가치주는 오래된 회사의 주식인 경우가 많다. 이 회사는 초창기에는 군용기를 제작하다가 제2차 세계대전 중에 미국의 더글러스 DC-3의 라이선스 생산인 'L2D 수송기' 등을 제조했다. 그 때문에 당연히 비행기를 제조하거나 이착륙시킬 수 있을 만큼의 광대한 토지가 필요했다. 그래서 현재 도쿄의 아키시마(昭島)시에 있는 거대한 부지에 비행장을 건설했고 제2차 세계대전이 끝날 때까지 그곳에서 수송기를 제작했다.

하지만 패전과 함께 연합군 총사령부는 군사상의 이유로 일본의 국산 항공기 제작을 금지했다. 따라서 이 회사가 보유한 드넓은 토지는 공중에 붕 떠 버렸다. 이후 회사는 경영의 다각화를 통해 시대의 변화를 따라잡으려 애썼고 비행기 컨테이너나 복지시설 장치 등을 제조하면서 사업을 확대했다. 하지만 '실적 성장은 기대할 수 없는 종목'이 되어 버렸다.

그렇지만 도쿄 도내에 광대한 토지를 보유하고 있으므로 현재는 도쿄 아키시마 역 앞의 부동산 임대가 중요한 수익원이다. 이 회사의 자산가치를 많은 기업이 호시탐탐 노렸는데 시간이 흘러 2019년 히타치금속(2022년 상장 폐지)이 TOB(주식공개매수)를 발표했다. 히타치금속은 수익이 안정적인 부동산 사업을 손에 넣고 싶었던 모양이다.

그 결과 주가는 급등했다. 2019년 11월 초순에는 1주에 1400엔(1만 4000원) 전후였던 주가가 같은 달 6일에 TOB가 발표되자마자 폭등해서 연말에는 1주에 2600엔(2만 6000원)을 넘겼다.

자산의 현재 가치를 확인한다

또 다른 '자산가치주'로 다치히(立飛)기업(현 다치히홀딩스: 2012년 상장 폐지)을 살펴보자. 이 회사는 1924년 창업한 노포 기업으로 도쿄도 다치가와시(立川市)에 대규모 공장을 보유하고 있었다. 공장은 제2차 세계대전 이후 정부에 접수되었고 30년이 훌쩍 지난 뒤에야 겨우 반환되었다.

다치히기업은 반환된 토지를 바탕으로 부동산 임대사업을 시작했지만 2011년 8월 형제 회사인 신다치카와(立川)항공기(2012년 상장 폐지)와 함께 경영자매수(MBO)를 발표했다. 경영자매수란 기업의 경영진이 외부 투자자와 협력하여 자신이 경영하는 회사나 사업 부문을 인수하는 M&A 방식이다. 이로 인해 같은 해 7월에 1주 4000엔

(4만 원) 정도까지 떨어졌던 주가가 경영자매수 공개매수 가격은 주당 6300엔(6만 3000원)이라는 높은 금액으로 설정되었다.

쇼와비행기공업, 다치히기업, 신다치카와항공기의 공통점은 '과거 저렴한 가격으로 손에 넣은 토지나 공장 부지와 같은 자산을 대량 보유하고 있다'라는 것이다. 이처럼 실제 가치가 훨씬 높은 자산을 보유한 기업이 일본에는 적지 않다. 이들 자산가치는 왜 제대로 평가받지 못할까? 그 이유는 상장기업의 경우 '유가증권보고서'에 과거 취득할 당시의 가격인 '취득 원가'만 명기해 두면 되기 때문이다.

한신(阪神) 타이거스의 홈구장으로 유명한 '한신 고시엔(甲子園) 구장'은 효고현(兵庫県) 니시미야(西宮市)에 있다. 모기업인 한신전기철도가 2006년 한큐전철(阪急電鉄)과 경영 통합해서 '한신한큐홀딩스(阪急阪神: 9042)'가 되었는데 그때까지도 장부상에는 고시엔 구장의 토지 취득 가격이 단돈 '800만 엔(8000만 원)'으로 기재되어 있었다.

경영통합을 계기로 2006년 시점의 시장 가액으로 수정했더니 무려 '381억 8100만 엔(3818억 1000만 원)'이 되었다. 같은 토지가 유가증권보고서상에서 380억 엔(3800억 원) 이상이나 차이가 난 셈이다. 이해하기 어렵겠지만 법 제도상 그렇게 되어 있는 것이다.

'옛날부터 있던 회사'가 유리한 이유

이제 '자산가치주'가 무엇인지 조금 감을 잡을 수 있을 것이다. 이번에는 내가 수익을 올렸던 자산가치주의 구체적인 사례를 살펴보자.

먼저 의류 브랜드 '뉴요커(NEWYORKER)'를 운영하는 다이도리미티드(ダイドーリミテッド: 3205)다. 1879년 도쿄에서 창업한 노포 기업인데 참고로 이 브랜드의 옷은 산 적이 없다. 그렇다면 나는 왜 이 회사의 주식을 샀을까? 계기는 2022년 7월, '연결 자회사의 고정자산의 양도에 동반한 특별이익 발생에 관한 안내'가 발표된 것이었다. 다이도리미티드가 도쿄도 지요다구(千代田区) 소토간다(外神田)에 있는 1746m^2의 토지와 연면적 1만m^2가 넘는 건물의 매각을 알린 것이다. 그 매각으로 얻은 양도 이익, 즉 매매차익은 약 100억 엔(1000억 원)에 달했다.

때마침 도쿄 증권거래소에서 상장기업에 대한 주주환원이 강화된 시기였으므로 나는 '부동산 매각으로 얻은 이익은 주주환원에 쓰일 것이니 이건 확실히 매수 타이밍이다!'라고 생각해서 이 회사의 주식을 대량 사들였다.

하지만 결산보고서에서 이 기업의 실적에만 집중하던 투자자들은 해당 발표에 별다른 반응을 보이지 않았고 주가는 여전히 저평가된 채 소외되고 있었다. 그러다가 2024년 7월이 되어서 다이도리미티드는 '배당 확대', 즉 증배(增配)를 발표했다. 게다가 기존의 '주당 2

엔(20원)의 배당'에서 단숨에 '주당 100엔(1000원)의 배당'으로 50배나 대폭 액수가 증가되었다.

이 정도 규모의 배당 확대가 가능했던 이유는 토지와 건물을 매각해서 회사에 자금적인 여유가 생겼기 때문이다. 2022년 7월 당시 1주 150엔(1500원) 정도였던 주가는 한때 1000엔(1만 원)을 넘어 2025년 3월 현재도 1000엔(1만 원) 이상의 수준을 유지하고 있다.

지금까지 소개한 자산가치주는 모두 '옛날부터 있던 회사'다. 설립연도가 오래될수록 기대치가 높아지고 특히 공장 부지와 같은 넓은 토지를 보유하고 있으면 더욱 좋다. 1920년대 중반까지 올라가면 당시 대졸 회사원의 첫 월급이 50~60엔(500원~600원)이었고 쌀은 한 되에 약 50전(錢) 정도였다. 그때와 비교하면 지금 물가는 말도 안 되게 올라간 것이다. 즉 토지를 취득한 시기가 옛날일수록 '장부가액은 싸게 계산되어 있어도 지금 가치로 환산하면 엄청난 가격이 될 것'을 기대할 수 있다.

창립한 지 얼마 안 된 새로운 회사라면 토지를 보유해도 취득 당시와 비교해서 가격이 그다지 상승하지 않은 경우가 많다. 부동산과 마찬가지로 유가증권도 역시 기본적으로는 노포 기업이 자산가치의 기대치는 높다. 보유한 토지와 유가증권을 매각해서 주주에게 환원하거나 새로운 사업을 운영하게 되면 주가는 자연스럽게 올라간다.

자산가치주의 장점과 단점

자산가치주 투자는 비교적 간단하지만 언제 주가가 올라갈지는 알 수 없다. 기업이 자산을 매각하는 시기나 또 매각한 자산을 언제 어떻게 주주에게 환원할지 알 수 없기 때문이다. 그러므로 이제 막 주식투자를 시작해서 상대적으로 많지 않은 원금을 빨리 불리고 싶은 사람에게는 그다지 효율적인 투자법이 아니다. 자산가치주 투자는 어느 정도 종잣돈이 모인 상태에서 '약간 보수적으로 투자하고 싶을 때' 가장 효과가 좋은 투자법이다.

자산가치주의 장점은 주가가 폭락하는 경우는 거의 없다는 것이다. 따라서 일정한 자산을 보유하고 재무적으로도 안정된 기업의 저평가된 주식을 살 수 있다. 전 세계적으로 주가가 폭락했던 리먼 쇼크 때도 자산가치주의 하락 폭은 상대적으로 크지 않았다. 성장주를 사서 단기간에 주가가 5배, 10배 상승한다고 해도 그런 주식은 하락세 역시 가파르다. 주가가 폭락해도 다시 오를 거라고 참고 기다렸다가 다시 떨어져서 손해를 보는 경우가 적지 않다.

한편 자산가치주의 단점은 언제 주가가 올라갈지 알 수 없다는 것이다. 따라서 자산가치주 투자는 일단 사고 난 뒤에는 일정 기간 내버려두어야 한다. 때로는 수년 동안 주가가 움직이지 않기도 한다. 특히 주식시장이 전체적으로 상승장일 때 주가가 생각만큼 오르지 않아 후회할 수도 있다. 반대로 주식을 산 바로 다음 날 주가가 오르기도 한다. 수익가치주라면 그런 일은 절대 없으므로 자산가치주의 장점이 될 수도 있다.

자산가치주는 투자자들이 '저렴하다'고 생각할 정도이므로 경쟁기업은 당연히 싸다고 여길 것이다. 그렇기 때문에 주식공개매수가 일어나기 쉽다. '새로 설비투자를 하기보다 이미 노하우가 축적된 기업을 통째로 사 버리는 편이 빠르다'라고 생각해서 자산가치가 높은 기업의 주식을 대량 취득하기 위해 공개적으로 매수에 나서는 것이다.

2024년 운전기사의 야근을 규제하는 법률이 제정되자 운송 담당자가 부족해지는 '물류의 2024년 문제'로 한동안 관련 업계가 떠들썩했다. 이때 시장에서는 '창고' 수요가 높아질 것으로 내다보고 관련 기업 주식에 상당히 눈독을 들였다. 법률로 운전자의 장시간 노동이 제한되면 장거리 운전이 어려워지고 필연적으로 물자를 보관할 창고가 필요하게 된다. 그 결과 알프스 물류(2024년 상장 폐지)나 C&F로지홀딩스(2024년 상장 폐지)와 같은 창고 회사가 주식공개매수의 표적이 되었다.

다만 이러한 주식공개매수나 경영자매수를 예측하고 족집게처럼 맞추기는 어렵다. 왜냐하면 날마다 뉴스를 통해 변화가 예상되는 업계에 주목하고 문제점을 파악해야 하기 때문이고, 또 가능하면 업계 사람과의 만남을 통해 주주총회와 같은 IR(Investor Relations, 투자자 대상 홍보) 관련 지식이나 법무 지식도 함께 고려해야 할 필요가 있기 때문이다. 잘 아는 베테랑 투자자 중에 주식공개매수 종목에 뛰어난 투자 수완을 발휘하는 사람이 있는데 그는 기업의 법무팀 출신이었다. 역시 전문가가 보는 눈은 나와는 전혀 달랐다.

2
자산가치주를 찾는 법

7단계의 과정으로 찾아보자

다음으로 자산가치주 찾는 법을 알아보자. 기업이 보유한 토지와 증권의 '취득 당시의 가액'과 '현재 가액'에 큰 차이가 나는 종목을 찾는다. 증권회사의 앱이나 주식 정보 사이트의 검색 기능을 이용해 한번에 찾을 수 있으면 좋겠지만 아직 그런 시스템은 만들어지지 않았다. 따라서 직접 찾아봐야 하는데 처음에는 솔직히 귀찮을 수 있다. 하지만 단계별로 차근차근 따라 해 보고 익숙해지면 진짜 재미있어질 것이다. 실제로 나도 푹 빠져 버렸을 정도다.

자산가치주를 찾는 단계는 다음과 같다.

우선은 증권회사의 앱과 주식 정보 사이트에서 'PBR(주가순자산비율) 0.5배 이하'와 '자기자본비율 60% 이상'의 조건으로 기업을 스크리닝한다. 수익성도 추가하고 싶다면 'PER(주가수익비율) 12배 이하'라는 조건을 더하자. 그다음 창업 연도가 오래된 회사를 중심으로 유가증권보고서를 확인하고 자산의 '취득 시점 가액'과 '현재 가액'의 차이를 확인한다. 부동산 취득가액은 '설비 현황' 항목에 기재되는 경우가 많다. 현재 시장의 평가액은 유가증권보고서에 나오지 않으므로 고시엔 구장처럼 '이건 싸도 너무 싸다'고 생각되는 것을 찾아내야 한다.[9]

다음 페이지에서 자산가치주를 찾는 7단계를 도식화한 표를 함께 첨부했다.

해당 안내에 따라가다 보면 현재 주가가 저평가되어 있는지, 내재된 리스크는 무엇인지 판별하는 기준을 세울 수 있을 것이다.

---

[9] '할 말은 하는 주주'로 유명한 무라카미펀드는 2005년 우량 자산의 장부상 가치가 매우 낮다는 점을 노리고 고시엔 구장을 보유한 한신선기철도의 주식을 대량 매입해 적대적 인수를 시도했다. 당시 회계 장부에 기록된 고시엔 구장은 1924년 건설 당시 취득가액인 '800만 엔(8000만 원)' 그대로였다고 한다.

PART 2 싸다고 사지 않는다, '자산'이 있기에 산다

자산가치주를 '찾는 법'
7단계

1단계
- 증권회사의 앱과 주식 정보 사이트에서 기업을 스크리닝하기

  PBR (주가순자산비율) 0.5배 이하   자기자본비율 60% 이상 + PER (주가수익비율) 12배 이하

2단계
- 창업 연도가 오래된 기업을 체크하기

3단계
- 유가증권보고서를 입수 → 주식 정보 사이트와 기업의 IR 페이지에서 입수

4단계
- 자산의 '취득가액'을 체크 → 비유동자산(유형·무형자산)의 '주석(註釋)'이나 '유형자산의 증감' 항목에 취득가액이 기재되어 있는 경우가 많음
- 투자유가증권을 체크 → 재무상태표의 '기타 유가증권의 미실현 손익' 관련된 정보를 찾기

5단계
- 자산의 '시가'를 체크
  시가평가가 가능한 자산(상장주식, 부동산 등) → 시가평가의 기재 확인
  시가평가가 어려운 자산(비상장주식, 자사 이용의 부동산 등) → 유사 자산의 시장가격이나 미래 현금흐름에서 추정

6단계
- 평가차액 분석
  '시가평가'가 '취득가액'를 크게 웃돈다 → 미실현 이익이 있다(기업의 자산가치가 과소평가되어 있을 가능성)
  '시가평가'가 '취득가액'을 밑돈다 → 미실현 손실이 있다(기업의 자산가치가 과대평가되어 있을 가능성)
  ※ 기업에 따라서는 '손상차손 처리'를 했는지도 중요한 체크 포인트

7단계
- 기업의 전략과 시장 환경을 고려 → 예를 들면 부동산을 대량으로 보유한 기업에서 '취득가액'과 '시가평가'의 차이가 클 경우, 앞으로 매각 전략이나 자본 정책에 영향을 줄 가능성이 있음

활용 포인트
【투자 판단】 저평가되었는지 아닌지 판단한다
【경영 리스크의 평가】 자산손상 리스크를 체크

> **그레이엄 지수**
>
> **그레이엄 지수** = 주가의 저평가 가능성을 판단하는 기준이 되는 지표
> PER(주가수익비율) × PBR(주가순자산비율) = 22.5 이하
> ㉠ 다마이상선(玉井商船: 9127)　업종: 해운업
> PER(1.32배) × PBR(0.36배) = 0.48
> ※ 2025년 2월 12일 시점 그레이엄 지수로 엄청나게 싼 편

간편하게 저평가된 주식을 찾을 수 있는 '그레이엄 지수'

좀 더 편리한 방법이 필요하다면 가치투자의 창시자 벤저민 그레이엄이 제창한 '그레이엄 지수(Graham Index)'를 써 보자. 주식의 저평가 여부를 판단하는 지수로 구체적인 사용법은 다음과 같다.

그레이엄 지수가 22.5 이하면 '저평가', 크게 웃돌면 '고평가'일 가능성이 있다고 간단히 판단할 수 있다.

'PER', 'PBR', '자기자본비율'은 주식투자에서는 빼놓을 수 없는 중요한 지표이므로 여기서 다시 간단하게 정리해 보자. 주식에 흥미를 가진 친구들에게 직접 설명할 수 있을 정도는 되어야 한다.

PER은 Price Earnings Ratio의 약자로 '주가수익비율'이라는 뜻이다. 기업의 이익에 대비해 주가가 비싼지 싼지를 가늠할 수 있는 기준이 되는 지표다. '주가 ÷ 1주당 이익(EPS)' 혹은 '시가총액 ÷ 당기순이익'으로 계산한다. 시장에 따라 다르지만 전 업종 평균이 약 15배이므로 일반적으로 15배 이상이 '비싸다', 15배 미만이 '싸다'는 기준

이 된다.

　자산가치주는 본업에서 충분히 수익을 올리지 못하는 소위 '돈을 못 버는 회사'가 많다. 왜냐하면 본업에서 수익을 올리고 있다면 자산가치주로 분류되지 않기 때문이다. 따라서 자산가치주의 경우 수익 창출 능력의 지표인 PER은 중요하지 않다.

　PER의 수치가 높으면 일반적으로는 '비싸다'고 평가받는다. 다만 자산가치주는 비싸도 상관없다. PER은 수익이 적자가 되면 표시되지 않지만 그래도 괜찮다. 실제로 투자 수익이 꽤 많이 났던 다이도 리미티드(3205)는 내가 샀을 때는 적자 상태였고 따라서 PER이 표시되지 않았다.

　다음으로 'PBR'은 '주가순자산비율'을 말한다. '주가 ÷ 1주당 순자산(BPS)' 혹은 '시가총액 ÷ 순자산(주주자본)'으로 계산한다. 핵심은 주가가 그 기업의 '순자산'과 비교해서 어느 만큼 가치가 있는지를 나타내는 것이다. PBR이 1배라면 주가와 1주당 순자산이 같다는 뜻이다. 일반적으로 1배 이상이면 '비싸다', 1배 미만이면 '싸다'는 기준으로 판단할 수 있다.

　투자자는 '기업의 수익 창출 능력'을 중시하는 경향이 있다. 그 때문에 아무리 자산이 많아도 벌어들이는 실적이 좋지 않으면 주가는 별로 올라가지 않는다. 그러므로 자산가치주의 PBR은 낮기 마련이다.

마지막으로 '자기자본비율'은 회사가 가지고 있는 '총자산'에서 차지하는 '자기자본'의 비율을 말한다. 자기자본이란 회사가 보유한 돈 중에 '변제가 필요하지 않은 자본'이다. 물론 자기자본비율이 높을수록 기업의 재무 상태는 건전하다고 할 수 있다. 아까 '본업에서 별로 벌지 못하는 기업이 자산가치주'라고 했는데 별로 벌지도 못하는데 재무 상태까지 나쁘면 도산할 수도 있다. 그러므로 '수익은 별로 높지 않지만 재무 기반이 튼튼한 것'이 자산가치주의 중요한 포인트다.

X의 정보가 참고는 되지만

SNS의 정보를 체크하는 것도 효과적이다. X나 블로그에서 '자산가치주'를 검색하면 많은 투자자들이 '자신이 주목하는 자산가치주'에 대해 의견을 펼친다. SNS의 정보에는 옥석이 섞여 있지만 상당히 참고가 되는 정보도 많다. 나도 내가 산 종목의 정보를 X(@yhdgj675)에서 공개하고 있는데 그 내용을 참고해서 비슷한 타이밍에 주식을 매수한 사람들은 꽤 좋은 결과를 냈을 것이다.

X와 같은 SNS에서 팔로워 수가 많은 개인투자자가 소개하는 투자 정보에 관심을 가지는 것은 결코 나쁘지 않다. 다만 그 정보를 그대로 받아들이지 말고 스스로 다시 조사해야 한다. SNS의 정보는

'이익'과 '자산'으로 보는 저평가 정도의 두 가지 지표

이익과 비교해서 싼 편인가?
PER
Price **E**arnings **R**atio

계산식 (단위 : 배)
주가 ÷ 1주당 이익

수치가 낮을수록 주가가 싼 편
고성장한다면 PER이 높아도 싼 편

주당순이익과 비교해서 주가가 싼지를 판단하는 지표. 주가가 하락하면 PER이 내려가서 주가는 저평가된 상태. 1주당 순이익이 성장해도 저평가된다. 실적의 성장력이 있어서 장래 1주당 순이익이 증가할 전망이 있다면 아무리 현재 PER이 높아도 싸다고 생각할 수 있다.

자본과 비교해서 싼 편인가?
PBR
Price **B**ook-value **R**atio

계산식 (단위 : 배)
주가 ÷ 1주당 순자산

PBR 1배 미만은 기본적으로 싼 편
자산의 미실현 이익이 주목될 때 중요시

주당순자산과 비교해서 주가가 싼지를 판단하는 지표. 1배 미만은 회사가 해산해서 주주에게 자산을 분배했을 때 주주가 투자액 이상으로 이익을 얻을 수 있다는 뜻. 수치가 낮을수록 주가가 싼 편. 회사가 보유하는 자산의 미실현 이익이 주목되었을 때는 PBR이 중시된다.

총자산에 대한 자기자본의 비율
'자기자본비율'

| 총자산 | 자기자본 순자산 |
| | 타인자본 부채 |

이 자기자본의 비율이 '자기자본비율'

POINT
자기자본비율이 높은 편이 기업의 재무적 안정성은 높다

어디까지나 힌트에 지나지 않는다. 타인의 정보를 맹신하는 사람은 한 주당 100엔(1000원)에 산 주식이 150엔(1500원)이 되면 바로 추가로 매수한다. 반대로 120엔(1200원) 정도까지 떨어지면 겁을 먹고 팔아 버린다. 사실은 200엔(2000원), 300엔(3000원)까지 더 오를 주식임에도 팔아 치운 뒤 후회하기 일쑤다. 주식이 내려갈 때는 일시적으로 급등해서 조정되는 이른바 '조정국면'인 상태가 많다. 그 사실을 알지 못하고 조건반사적으로 팔아 버리므로 안타까운 일이다.

이처럼 신뢰도가 높은 정보라도 그냥 따라가기만 하면 자신의 투자 실력이 성장할 수 없다. 예상이 빗나가면 남의 탓으로 돌리기 때문이다. SNS의 정보를 참고하되 자신이 사고판 이유를 스스로 정확히 설명할 수 있어야 한다.

다시 본론으로 돌아가자. 먼저 인터넷에서 '자산가치주'를 검색한 뒤 다른 투자자가 주목하거나 매수한 주식을 참고한다. 그리고 괜찮아 보이는 종목이 있으면 앞에서 소개한 자산가치주 찾기 7단계와 그레이엄 지수로 직접 조사한다. 최근에는 증권회사가 제공하는 스크리닝 기능이 꽤 쓸 만하다. 다만 시간이 지나면 부족하다고 느끼게 될 텐데 그때는 《회사 사계보(四季報)》도 살펴보자.

사계보는 말 그대로 3개월에 한 번씩 1년에 네 번 발행되는 기업의 정보지다. 일본 상장기업의 재무 데이터와 실적 예상, 사업 내용, 주가지표 등이 자세하게 실려 있다. 나도 항상 《회사 사계보》를 살펴보는데 괜찮다 싶은 종목을 3개 정도 찾으면 운이 좋은 편이다. 늘 좋은 종목을 찾을 수 있는 것은 아니지만 역시 투자로 성과를 내고 싶다면 사계보 정도는 읽어 두어야 한다. 모든 내용을 살펴보기 어렵다면 자신의 취미나 업무와 관련 있는 업계만 골라 체크하는 것도 좋다. 의외로 재미있게 읽을 수 있을 것이다.

3
자산가치주를 찾는
구체적인 방법

매출과 재무상태표를 체크한다

반드시 사야 하는 자산가치주를 찾으려면 어떤 내용을 확인해야 할까? 구체적으로 살펴보자. 우선은 기업의 '결산단신'부터 확인한다. 결산단신은 상장기업이 투자자를 대상으로 분기마다 발표하는 속보로 실적과 재무 상황을 정리한 자료이다. '가부탄(株探)'[10]과 같은

---

10 개인투자자 대상의 일본 주식 정보 사이트로 유망 종목을 발굴하거나 선택할 때 정보를 제공한다. 사이트명은 '주식(株)을 찾고(探す) 탐구(探求)한다'는 의미. https://kabutan.jp

주식 정보 사이트나 기업의 IR 페이지처럼 인터넷에서도 간단히, 게다가 무료로 확인할 수 있다. 결산단신은 전부 읽을 필요는 없고 아래 주요 포인트만 체크하면 된다.

우선 '매출'부터 체크한다. 전년도 대비 과도하게 증가하거나 감소하지 않았는지 살펴보자. 자산가치주 기업은 매출이 안정적으로 늘어야 할 필요는 없다. 물론 극단적으로 떨어지거나 적자가 계속 이어지면 안 되지만 적자와 흑자 상태를 오가는 정도면 크게 문제가 되지 않는다.

다음으로 '재무상태표'를 봐야 한다. 재무상태표는 기업의 재무 상황을 나타낸 표로 결산일 시점에서 '자산', '부채', '자본'의 구성을 일람으로 정리한 것이다. '자산'은 기업이 보유하고 있는 자산, '부채'는 자금의 출처, '자본'에는 회사의 재원 상황이 명기되어 있다. 말하자면 해당 기업의 '과거 실적을 총정리'한 것이다. 재무상태표에서 필수적으로 체크해야 할 내용은 '현금 및 현금성 자산', '토지', '투자유가증권', '단기 및 장기차입금' 항목이다. 재무상태표의 주요 항목을 개인의 재산 상황에 비유해서 나타내면 다음과 같다.

'유동자산'은 늘거나 줄거나 하면서 움직이는 돈, 예를 들자면 '예금과 적금'이다. 반면 집이나 자동차와 같은 자산은 바로 늘거나 줄거나 하지는 않는다. 이것이 '비유동자산'이다. 이 두 가지가 현재 회사가 가지고 있는 자산이라고 생각하면 된다. 한편 '부채'는 우리가 집이나 차를 샀을 때 지는 빚과 같은 것이다. '자본'에는 '자본금'이나 '이익잉여금(economic surplus)'이 있는데 자본금은 집을 살 때 지불하는 계약금이다. 이익잉여금은 기업이 사업으로 번 돈을 쌓아 놓은 것이다.

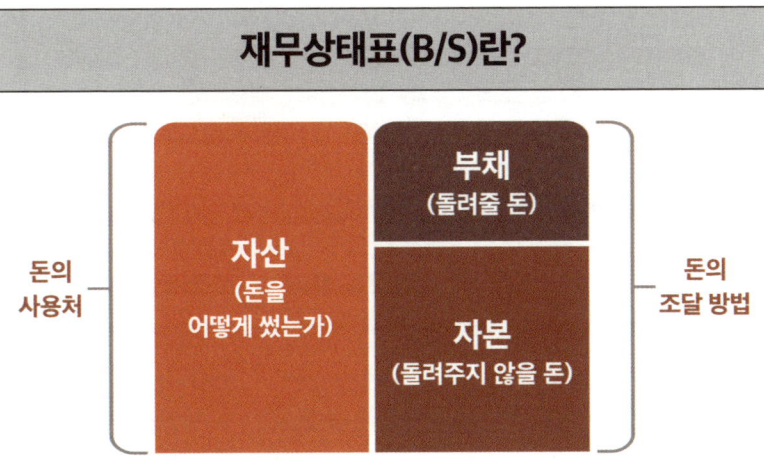

개인의 재정 상태로 설명하면 '월세로 살아도 예금과 적금이 많고 대출이 없는 집'과 '예금은 없는데 대출을 최대치로 끌어와서 호화주택을 지은 집'이 있다고 하자. 당연히 전자의 재무 상태가 더 건전할 것이다. 기업도 마찬가지다. 자산이 많고 부채가 적을수록 건전한 경영을 하고 있다는 뜻이다. 반대로 자산에 비해 차입금이 많은 곳은 조심해야 할 기업이다.

그래서 앞서 말한 것과 같이 결산단신의 재무상태표에서는 반드시 '현금 및 현금성 자산', '투자유가증권', '단기·장기차입금'을 체크

2．四半期連結財務諸表及び主な注記
（1）四半期連結貸借対照表

（単位：百万円）

	前連結会計年度 （2024年3月31日）	当第3四半期連結会計期間 （2024年12月31日）
자산		
流動資産		
현금 및 현금성 자산	76,525	65,566
受取手形、売掛金及び契約資産	445,825	419,006
電子記録債権	95,615	104,527
棚卸資産	249,490	262,570
その他	51,406	57,345
貸倒引当金	△1,694	△1,798
流動資産合計	917,168	907,218
固定資産		
有形固定資産		
토지	37,401	40,413
その他（純額）	51,544	49,778
有形固定資産合計	88,945	90,191
無形固定資産	10,006	10,538
投資その他の資産		
투자유가증권	106,062	114,515
その他	47,239	46,865
貸倒引当金	△2,436	△2,146
投資その他の資産合計	150,865	159,235
固定資産合計	249,818	259,965
資産合計	1,166,986	1,167,183

	前連結会計年度 （2024年3月31日）	当第3四半期連結会計期間 （2024年12月31日）
부채		
流動負債		
支払手形及び買掛金	303,818	272,492
電子記録債務	46,879	41,276
단기차입금	72,080	80,336
1年内償還予定の社債	-	15,000
未払法人税等	2,602	7,773
賞与引当金	3,730	2,558
製品保証引当金	98	65
その他	57,318	57,329
流動負債合計	486,555	476,831
固定負債		
社債	50,000	45,000
장기차입금	239,957	236,367
退職給付に係る負債	1,353	1,798
その他	32,354	33,327
固定負債合計	323,665	316,693
負債合計	810,220	793,524
자본		
株主資本		
資本金	45,651	45,651
資本剰余金	1,301	1,384
利益剰余金	260,959	284,564
自己株式	△3,662	△5,393
株主資本合計	304,249	326,007
その他の包括利益累計額		
その他有価証券評価差額金	27,511	22,684
繰延ヘッジ損益	630	1,426
土地再評価差額金	1,966	1,966
為替換算調整勘定	14,427	13,722
退職給付に係る調整累計額	2,426	2,823
その他の包括利益累計額合計	46,962	42,322
非支配株主持分	5,553	5,329
純資産合計	356,765	373,659
負債純資産合計	1,166,986	1,167,183

철강상사 '한와코교(阪和興業: 8078)'의 결산단신에 실린 재무상태표. '현금 및 예금', '토지', '투자유가증권', '단기·장기 차입금'은 반드시 체크!

해야 한다. 기업의 현재 현금과 현금성 자산과 유가증권에서 이자를 지불해야 하는 차입금을 뺀 금액이 어느 정도인지 확인하는 것이다.

'현금 및 현금성 자산 + 유가증권 - 이자를 지불해야 하는 부채'를 '순현금(Net Cash)'이라고 한다. '순현금'은 현재 기업의 '수중에 어느 정도의 현금이 있는지'를 나타내는 것으로 재무 건전성을 판단하는 지표가 된다. 자산가치주에서 적자 결산의 경우 '순현금이 앞으로 몇 년 안에 고갈될지'도 체크하는 편이 좋다. 다음 페이지의 표를 통해서 확인하는 방법도 함께 살펴보자.

개인적인 얘기를 하자면 사실은 일반 가정에서도 대출은 하지 않는 편이 건전하다. 그래서 나는 기본적으로 주택 구입에는 부정적이었다. 하지만 결과만 놓고 보면 가족들이 집을 마련하기를 강력히 희망했기 때문에 내가 물러섰다. 인생이란 게 다 자기 뜻대로 되지는 않는 법인 것 같다.

다시 본론으로 돌아오자. 자본과 이익잉여금을 합친 자본은 '자기자본'이라고도 한다. 부채 즉 타인의 자본을 포함한 총자본에서 자기자본비율이 60% 이상인 회사가 도산하는 일은 거의 없다고 볼 수 있다.

또 하나 눈여겨봐야 할 것이 '영업권'과 '매출채권'이다. '영업권'은 M&A, 즉 인수합병을 했을 때 발생하는데, 매수된 기업의 시가평가(자본)와 실제 매수가액의 차액을 나타낸다. 영업권이 크다는 것은

'순현금이 앞으로 몇 년 안에 고갈될지' 체크하는 간단한 방법

① 순현금 계산

순현금 = 현금과 현금성 자산 + 유가증권 - 차입금(이자를 지불해야 하는 부채)

확인하는 곳
- 재무상태표의 현금 및 현금성 자산, 투자유가증권, 단기·장기차입금(이자를 지불해야 하는 부채)
- 주식 정보 사이트나 기업의 IR 자료 체크

② 연간 적자액(영업활동 현금흐름 or 순손실) 체크

- 현금흐름표의 영업활동 현금흐름
  → 마이너스라면 그것이 연간 현금 감소액의 기준
- 혹은 손익계산서의 순손실(적자액)

어디서 확인?
- 현금흐름표(영업활동 현금흐름)에서 마이너스 금액을 확인
- 손익계산서의 당기순이익: 적자액이 순손실

③ 앞으로 몇 년이면 고갈될까?

고갈 햇수 = 현금흐름 ÷ 연간 적자액

(예) 현금흐름 = 100억 엔(1000억 원)

영업활동 현금흐름(적자) = △20억 엔(200억 원)/년 → 100÷20 = 5년이면 고갈

주의점
- 감가상각비가 클 경우 영업활동 현금흐름을 중시(회계상 적자와 실제 현금 유출은 다르다)
- 일시적인 적자인지 아닌지 → 과거 결산도 체크
- 추가 자금조달(증자·차입)이나 자산 매각의 가능성도 고려

정리
① 재무상태표에서 '순현금'을 계산
② 현금흐름표의 '영업활동 현금흐름(마이너스액)'을 확인
③ '순현금 ÷ 연간 적자액'에서 순현금의 고갈 연수를 산출

'과거에 비싼 가격으로 매수했다'는 뜻으로 결국 매수를 잘못했다는 이야기다. 일본 회사 중에는 기업 매수를 제대로 못 해서 영업권 비용이 많이 드는 경우가 꽤 있다. 이런 기업은 보통 경영도 썩 잘하는 편이 아니다.

'매출채권'은 상품과 서비스를 납품했지만 아직 고객에게 받지 못한 금액을 말한다. 간단히 말하면 '외상'과 같은 것이다. 중요한 것은 매출채권 자체의 액수보다 채권의 내용, 그리고 매출채권이 갑자기 늘지는 않았는가를 잘 보아야 한다. 매출채권이 대량으로 늘었다면 분식회계를 했을 가능성도 있다. 결산단신을 보기만 해서는 분식회계인지 정확히 판단하기 어렵다. 하지만 매출채권이 너무 급격하게 늘어나서 수상하다면 그 주식에는 손을 대지 않는 게 좋다.

재무상태표에는 많은 항목이 정리되어 있지만 내가 체크하는 항목은 이 정도다. 그렇게 어렵지 않을 것이다. 전년도에 비해 얼마만큼 변화했는지 보기 위해서 보통 3년분 정도의 재무상태표를 체크해 두면 더 좋다.

유가증권보고서의 체크 포인트: 토지와 유가증권
토지의 경우

결산단신의 실적을 보고 이상한 부분이 없으면 다음은 '유가증권보고서(사업보고서)'를 본다. 상장기업이 투자자 대상으로 재무 상황과 경영성적을 1년에 한 번 보고하는 유가증권보고서는 100페이지를 훌쩍 넘기는 경우가 많다. 전부 읽으려면 내 경우에도 2~3시간은 족히 걸린다. 하지만 읽어야 할 포인트는 정해져 있으므로 익숙해지면 5분에서 10분 정도면 대강의 포인트를 체크할 수 있을 것이다. 참고로 '결산단신'을 먼저 체크하는 이유는 '유가증권보고서'보다 요점만 빠르게 파악하기 쉬워서다. 결산단신에 실리지 않은 내용은 유가증권보고서로 확인해야 한다.

그렇다면 유가증권보고서에서 확인해야 할 내용은 무엇일까? 자산가치주 기업의 유가증권보고서를 볼 때 체크 포인트는 무엇보다 '설비현황'이다. 즉 토지·건물·기계의 '소재지'와 '장부가액'을 확인해야 한다. 이 내용은 결산단신에는 없으므로 반드시 유가증권보고서에서 확인해야 한다.

'장부가액'은 '취득했을 때의 가격'이다. 장부가액이 싸다면 지금은 많이 오르지 않았는지 입지와 가격을 확인해 본다. 구체적인 조사 방법은 내가 자산가치주로 추천하는 가타쿠라공업(片倉工業: 3001)을 바탕으로 알아보자.

가타쿠라공업은 1873년 창업한 노포 기업으로 1870년대부터 1920년대까지 제사업(製絲業)을 기반으로 '가타쿠라 재벌'을 구축했다. 전쟁 전에는 은행·부동산·상사처럼 다각적으로 사업을 운영했는데 세계유산인 도미오카 제사장(富岡製糸場)[11](군마현 후쿠오카시)도 이 회사가 조업했던 공장이다.

2024년 12월기 결산단신을 보면 매출은 전기 대비 마이너스 1.4%, 영업이익은 마찬가지로 마이너스 8.4%이었다. 이 정도 마이너스는 투자 대상에서 제외할 정도는 아니다. 다음으로 재무상태표를 보면 2024년 12월 말 시점에 '현금 약 304억 엔(3040억 원)', '토지 약 163억 엔(1630억 원)', '투자 유가증권 약 329억 엔(3290억 원)', '부채 약 511억 엔(5110억 원)'으로 나와 있다.

다음으로 연간 유가증권보고서에서 '설비현황'을 확인해 보자. '사업소명'의 가장 위에 '코쿤시티', '주요 소재지'는 '사이타마시 오미야쿠'다. 이 코쿤시티는 JR 게이힌 도호쿠선·우츠노미야선·다카사키선의 '사이타마 신도심역' 직결의 대규모 쇼핑몰이다. 스포츠 이벤트나 아티스트의 라이브가 열리는 장소로 유명한 '사이타마 슈퍼 아레나'에서 가깝다. 코쿤시티는 공장 유적지에 건설되었는데 '코쿤'이라는 이름은 가타쿠라공업이 제사업을 영업하고 있던 것에 유래한다. 비단실의 원료가 영어로 '코쿤'이기 때문이다.

---

11 1872년 세워진 도미오카 제사 공장과 관련 유적지는 일본 군마현에 산재한 메이지 시대의 제사업 관련 유적 및 사적들로, 일본의 산업유산이며 유네스코 세계유산이다.

가타쿠라공업(3001)의 결산단신 재무상태표의 '부채'에서 '부채 합계'를 체크

가타쿠라공업(3001)의 결산단신. 1873년 창업한 노포기업으로 임대·상업시설 등의 부동산이 경영의 중심이다.
재무상태표의 '자산'에서 '현금 및 현금성 자산', '토지', '투자유가증권'을 체크

> 가타쿠라공업(3001)의 유가증권보고서 '설비현황'에서 '코쿤시티' 칸을 체크

유가증권보고서에 의하면 코쿤시티의 전체 면적은 12만 9749m^2로 상당히 넓은 토지라는 사실을 알 수 있다. 게다가 역과 바로 연결되어 있어서 교통도 상당히 편리하다. 그럼에도 장부가액은 단돈 4200만 엔(4억 2000만 원)이었다. 이건 계산할 필요도 없이 말도 안 되게 싼 것이다!

인터넷에서 검색해 보니 근처의 60m^2짜리 타워맨션이 5000만 엔(5억 원) 정도였다. 그런데 약 13만m^2나 되는 토지의 장부가액이

① 재산평가기준서 노선가도·평가비율표 첫 페이지 https://www.rosenka.nta.go.jp/에 접속
② 다음 순서대로 클릭해서 진행. 지도에서 '사이타마현'을 클릭 → 노선가도 → 사이타마시 오미야구 → 기시키초 4(31200)
③ 해당 장소의 1m² 당 평가액(천 엔 단위로 표시) 확인
④ 203만 엔(2030만 원)/m² × 면적 12만 9749m²= 2633억 9047만 엔(2조 6339억 470만 원)
⑤ 토지 장부가액은 4200만 엔(4억 2000만 원)이므로 차액은 놀랍게도 약 2633억 5000만 엔(2조 6335억 원)!

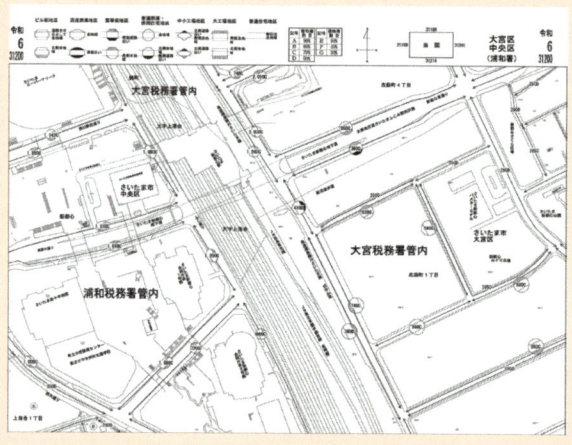

코쿤시티(사이타마현 사이타마시 오미야구 기시키초 4) 부근의 노선 가도

4200만 엔(4억 2000만 원)이니 아무리 생각해도 터무니없이 쌌다. 또 어느 주택 사이트에서는 코쿤시티가 있는 '사이타마시(埼玉市) 오미야구(大宮区) 기시키초(吉敷町) 4초메(丁目)'의 2024년 말 시점의 토지

가격은 m²당 196만 엔(1960만 원)이었다. 장부가액인 4200만 엔(4억 2000만 원)으로는 불과 21m²밖에 살 수 없다는 계산이다.

토지 가격을 더 자세히 살펴보고 싶으면 '재산평가기준서 노선가도·평가비율표(https://www.rosenka.nta.go.jp/)'를 체크하면 된다. 이 사이트에서는 한국의 공시지가와 유사한 전국의 노선가(路線価)를 살펴볼 수 있는데 그 '노선가'와 유가증권보고서에 나온 '토지면적'을 곱하면 대강의 땅값을 알 수 있다. 참고로 일반재단법인 자산평가시스템 연구센터가 운영하는 '전국 땅값 지도(https://www.chikamap.jp)'도 쓰기 편하다.

그럼 '재산평가 기준서 노선가도·평가비율표'에서 코쿤시티의 땅값을 체크해 보자.

코쿤시티의 토지 장부가액은 4200만 엔(4억 2000만 원)이므로 현시점의 가액과 비교하면 무려 약 2633억 5000만 엔(2조 6335억 원)이나 싸다는 것을 알 수 있다. 이처럼 노포 기업의 경우 오래전에 취득한 토지의 장부가액이 현 시세보다 상당히 낮게 평가되어 있을 때가 많다. 이것이 바로 자산가치주의 매력이다.

장부가격과 차액이 1000억 원에 가까운 토지

가타쿠라공업(3001) 외에도 괜찮은 자산가치주 종목으로 메탈아트(5644)가 있다. 이쪽도 1916년 창업한 노포 기업으로 단조(鍛造,

Forging) 업계의 선두기업이다. 주로 자동차나 건설, 농기계의 주요 부품을 제조한다.

가타쿠라공업과 마찬가지 요령으로 유가증권보고서의 '설비현황'에서 '토지'를 체크해 보자. 시가현(滋賀県) 구사츠시(草津市)에 있는 '본사 사무소 및 본사 공장'의 토지 4만 1745m^2의 취득가액은 5억 400만 엔(50억 4000만 원). 현재 공시지가는 24만 7833엔/m^2으로 나와 있다. 단순계산하면 약 103억 4600만 엔(1034억 6000만 원)으로 취득가액에 비해 현재 가치는 약 98억 4200만 엔(984억 2000만 원)이나 더 비싸다는 것을 알 수 있다.

메탈아트는 실적도 비교적 안정된 편이므로 수익가치주의 측면도 있다. '자산가치주'이면서 '수익가치주'이기도 한 기업은 어느 한쪽 조건만 충족하는 기업보다도 당연히 투자에서 우선순위가 높아진다.

다만 주요 거래처인 다이하츠공업(2016년 상장 폐지)이 지주비율 3할이 넘는 필두 주주이며 메탈아트의 매출도 3할 이상이 다이하츠공업에서 나오고 있다. 그러므로 2023년 말에 발각된 일본 토요타그룹의 부정 인증으로 인한 생산정지가 다이하츠공업에 직접적인 영향을 미쳐서 2024년도는 영업이익률이 떨어졌다.

나도 메탈아트 주식을 가지고 있었지만 다이하츠공업의 자동차 품질 인증 부정 문제가 발각되어 공장이 조업을 정지했을 때 일단 모두 정리했다. 자산의 가치는 바뀌지 않지만 수익의 가치가 낮아졌기

| 第3 【設備の状況】
| 1 【設備投資等の概要】
| 当社グループ（当社及び連結子会社）は、長期的に成長が期待でき、売上、収益拡大につながる製品分野及び研究開発分野への投資に重点を置き、合わせて省力化、合理化のための投資をおこなっております。当連結会計年度に実施いたしました設備投資の総額は3,545百万円であり、その主なものは、株式会社メタルフォージの鍛工品製造設備と株式会社メタルアートの自動車部品機械加工設備及びリモート事業関連の建屋・設備並びに産業用ロボット部品の機械加工設備であります。
| 2 【主要な設備の状況】
| (1) 提出会社

2024年3月31日現在

事業所名 (所在地)	設備項目	帳簿価額(百万円)						従業員数(名)
		建物及び構築物	機械装置及び運搬具	土地 (面積m²)	リース資産	その他	合計	
本社事務所及び本社工場(滋賀県草津市)	**鍛造品(鍛造品)製造設備**	**1,962**	**2,265**	**504 (4,082)**	**2**	**295**	**5,029**	**228 (92)**
馬場第1工場（精密鍛造工程）(滋賀県草津市)	第二品製造設備	83	115	143 (4,082)	0	8	351	22 (20)
馬場第1工場（リンク加工・組立）(滋賀県草津市)	機械加工及び組立設備	155	38	403 (11,908)	—	1	599	15 (5)
馬場第2工場(滋賀県草津市)	機械加工設備金型製作設備自動車部品機械加工設備タクト事業設備	115	1,014	129 (16,315)	—	40	1,299	91 (26)
水口工場(滋賀県甲賀市)		887	2,288	620 (30,112)	—	157	3,954	111 (89)

(注) 1 帳簿価額のうち「その他」は、工具・器具及び設備の合計であります。
     2 従業員数の（ ）は、臨時従業員数を外数で記載しております。

메탈아트(5644)의 유가증권보고서에서 토지의 장부가액을 체크

때문에 계속 들고 있을 이유가 줄었기 때문이다.

나는 자산가치주의 기업이 보유한 토지를 실제로 보러 가기도 한다. 노선가는 실제 매매되는 토지 가격과 일치하지는 않으므로 주변 부동산에 시세를 묻는 것이 가장 빠르고 정확하다. 이런 현지답사는 가끔 가볍게 여행을 떠나는 기분이라 무척 즐겁다.

메탈아트는 시가현의 JR 미나미구사츠(南草津) 역에서 도보 10분 정도 걸리는 곳에 '본사 공장'을 보유하고 있다. 집에서 전철로 1시

간도 채 걸리지 않는 곳이라 실제로 가서 살펴보았다.

JR 미나미구사츠 역은 1994년에 신설된 비교적 새로운 역이다. 주변에 '리츠메이칸(立命館)대학교 비와호(琵琶湖) 구사츠 캠퍼스'가 앞서 조성되어 역 앞 상점가는 계속 번창하고 있었다. 지금은 '시가현에서 가장 살고 싶은 동네'로 꼽히며 이 지역에 신축된 아파트와 주택은 날개 돋친 듯 팔려 나가고 있다.

메탈아트는 그런 인기 지역에 대규모 공장을 보유하고 있는 것이다. 하지만 공장은 새벽까지 작업하고 철과 금속을 가공하므로 소음과 함께 냄새도 문제가 될 수 있다. 그 때문에 '본사 기능만 남기고 대부분의 토지를 매각해서 공장을 이전하는 것'이 회사에게도 주변 주민에게도 바람직하다고 생각하는 듯했다.

지금은 메탈아트 주식을 보유하지 않지만 다이하츠공업이 부활하면 자연히 메탈아트의 수익도 좋아질 것이다. 그렇게 되면 다시 '자산가치주이면서 수익가치주'의 자리를 되찾을 것이다. 달리 눈여겨보는 주식이 없다면 투자할 가능성도 높은 기업이다.

유가증권의 경우

유가증권(주식)도 생각하는 법은 토지와 마찬가지다. 유가증권보고서에는 '주식을 얼마에 취득했는지' 당시 취득가액이 나와 있다. 그것을 현재 주가와 비교하면 된다. 주식이므로 현지답사도 필요 없다.

유가증권의 자산가치주로는 교토파이낸셜그룹(京都FG: 5844)이 좋은 예다. 거래처와의 관계 유지나 매수를 방어하기 위한 '정책보유주식'을 많이 가지고 있다. 정책보유주식은 일본 특유의 시스템으로 지금은 '자본효율이 악화된다'는 이유로 줄이는 추세지만 교토파이낸셜그룹은 지금도 상당한 금액의 정책보유주식을 지니고 있다.

그렇다면 교토파이낸셜그룹이 실제로 어떤 유가증권을 어느 정도 가격에 얼마나 취득했는지 확인해 보자. 토지와 마찬가지로 유가증권보고서를 체크하지만 항목이 다르다. 토지는 '설비현황'이었지만 유가증권은 '주식의 보유상황'을 체크한다. 다음 페이지의 표에서 보면 '(5) 주식의 보유상황'을 클릭하면 오른쪽에 보유한 주식에 대한 설명이 나온다.

종목들을 살펴보면 닌텐도(任天堂: 7974), 니데크(ニデック: 6594)나 무라타제작소(村田製作所: 6981)처럼 일본이 자랑하는 우량기업이 많다.

교토파이낸셜그룹의 유가증권 미실현 수익액, 즉 평가차액은 8250억 엔(8조 2500억 원, 2024년 9월말 시점)으로 보고되었다. 한편 시가총액은 6943억 엔(6조 9430억 원, 2025년 3월 시점)이다. 시가총액은 '그 회사를 통째로 팔았을 때 가격'이라고 할 수 있는데 그보다 보유하고 있는 유가증권의 평가차액이 훨씬 더 높은 것이다. 이것만 봐도 꽤 매력적인 자산가치주라고 할 수 있다.

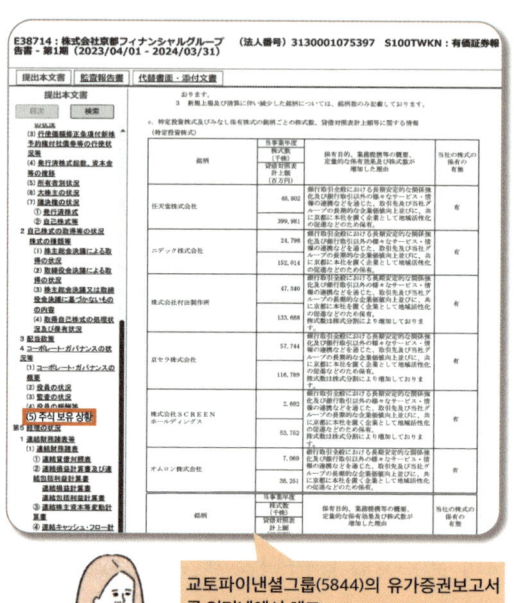

교토파이낸셜그룹(5844)의 유가증권보고서를 인터넷에서 체크
'(5) 주식의 보유상황'을 클릭하면 어떤 유가증권(종목)을 얼마만큼의 양(주식 수량), 얼마에 취득했는지(재무상표의 계상액) 알 수 있다.

사업 등의 리스크를 확인하자

지금까지 살펴본 것처럼 '토지'와 '유가증권'의 '취득가액'과 '현재 시세'의 차이는 자산가치주 투자의 중요한 포인트가 된다. 더불어 '수익가치주 투자'와 '시클리컬가치주 투자'까지 포함해서 유가증권보고서의 체크 포인트는 두 가지가 더 추가된다. 하나는 '사업 등의 리스크'다. 여러 개의 리스크가 기재되지만 가장 먼저 제시된 리스크는 반드시 체크해야 한다.

예를 들면 가타쿠라공업(片倉工業: 3001)의 유가증권보고서에는 실제로 열두 가지나 되는 '사업 등의 리스크'가 정리되어 있다.

첫 번째가 바로 '자연재해, 인적재해'의 리스크다. 교토파이낸셜그룹(5844)의 유가증권보고서에도 여덟 가지의 리스크가 기재되어 있는데 가장 첫 번째는 '신용 리스크'다. 이와 관련된 상세한 내용은 다음 페이지를 통해서 자세히 확인할 수 있다.

(1) 자연재해, 인적재해
당사 그룹은 국내에 생산공장이나 쇼핑센터와 같은 사업소를 배치하고, 해외에도 협력공장을 가지고 있습니다. 이들 시설은 지진, 태풍, 홍수, 화재, 정전, 감염증의 세계적인 유행과 같은 자연재해나 테러, 방화, 범죄인의 인위적 재해에 의해 피해를 받을 가능성이 있습니다. 이들 재해로 인해 종업원이 재해를 당하거나 또 당사 그룹이 보유, 관리, 운영하는 부동산의 가치가 하락해서 생산활동이나 영업활동에 지장이 생긴 경우, 당사 그룹의 실적 및 재정 상태에 나쁜 영향을 줄 수 있는 가능성이 있습니다.

가타쿠라공업(3001)의 유가증권보고서에 기재된 '사업 등의 리스크'

【事業等のリスク】
　有価証券報告書に記載した事業の状況、経理の状況等に関する事項のうち、経営者が連結会社の財政状態、経営成績及びキャッシュ・フローの状況に重要な影響を与える可能性があると認識している主要なリスクは、以下のようなものがあります。また、必ずしもリスク要因に該当しない事項についても、投資者の投資判断上、重要であると考えられる事項については、投資者に対する積極的な情報開示の観点から記載しております。
　なお、文中における将来に関する事項は、当連結会計年度末現在において当社グループが判断したものであります。
　また、以下の記載事項は、当社株式への投資に関するリスクの全てを網羅したものではありません。

(1) 자연재해, 인적재해
당사 그룹은 국내에 생산공장이나 쇼핑센터와 같은 사업소를 배치하고, 해외에도 협력공장을 가지고 있습니다. 이들 시설은 지진, 태풍, 홍수, 화재, 정전, 감염증의 세계적인 유행과 같은 자연재해나 테러, 방화, 범죄인의 인위적 재해에 의해 피해를 받을 가능성이 있습니다. 이들 재해로 인해 종업원이 재해를 당하거나 또 당사 그룹이 보유, 관리, 운영하는 부동산의 가치가 하락해서 생산활동이나 영업활동에 지장이 생긴 경우, 당사 그룹의 실적 및 재정 상태에 나쁜 영향을 줄 수 있는 가능성이 있습니다.

(2) 市場動向・競争激化等外部環境の変化
　当社グループは、グループ各社における市場動向の把握及び競合他社の状況の理解に努めております。しかし、同業他社の新規参入や既存事業との価格競争の激化、政治・社会情勢の変化による市場シェアの急速な減少、政府の規制変更による製品開発や販売、サービス提供への影響などが生じる場合、これらの事象は当社グループの業績及び財政状態に影響を及ぼす可能性があります。

(3) 金融市況の影響
　当社グループは、市場性の高い株式を保有しております。しかし、株式市場が下落し、保有している株式の価値が大幅に減少した場合、当社グループの業績及び財政状態に影響を及ぼす可能性があります。また、為替予約を通じて為替レートの変動リスクを管理しておりますが、為替変動が予想を超えた場合、同様に当社グループの業績及び財政状態に影響を及ぼす可能性があります。さらに、将来の大規模な不動産開発や新規事業への投資資金を調達する際に、金利が大幅に上昇すれば、支払うべき金利が大きく増加し、これも当社グループの業績及び財政状態に影響を及ぼす可能性があります。当社グループの退職給付制度は、主に確定給付型制度を採用しており、長期金利の変動や株式市場の下落は、当社グループの業績及び財政状態に影響を及ぼす可能性があります。

(1) 신용 리스크
당행은 자산의 건전성 확보를 경영상의 가장 중요한 과제로 인식하고 6개월마다 사정 실시를 통해 자산의 정확한 실태 파악을 실행하고 현재 상정된 모든 불량자산에 대해 적절한 처리를 이행하고 있습니다. 하지만 우리나라의 경기 동향, 부동산 가격의 변동, 당행 융자처의 경영 상황 그리고 세계 경제 환경의 변동에 따라서 당행의 불량 채권 및 여신 관계 비용은 상정 이상으로 증가할 우려가 있습니다. 구체적으로는 실제 회수 불가능한 대금이 대손충당금 계상 시점에서 전제 및 견적과 동떨어져 대손충당금을 대폭 초과할 가능성이 있습니다. 또 경제 정세 전반의 악화, 담보 가치의 하락, 기타 예치지 못한 이유에 의해 대손충당금의 계상에 있어 설정된 전제 및 견적을 변경하지 않을 수 없게 되어 후일 대손충당금의 확충이 필요할 가능성이 있습니다.

교토파이낸셜그룹(5844) 유가증권보고서의 '사업 등의 리스크'

회사에 따라서 다르게 접근하기

이를 보면 같은 '사업 등의 리스크'도 회사마다 내용이 완전히 달라진다는 것을 알 수 있다. 주가가 하락할 때 그 이유를 살펴보면 사실은 이 항목에서 밝힌 리스크가 현실이 된 적도 있었다.

실제로 나도 비슷한 일을 경험했다. 인공투석환자를 대상으로 하는 의약품을 개발·판매하는 코아쇼지홀딩스(Koa Shoji Holdings: 9273) 주식을 샀을 때 이야기다. 그때까지 인공투석 관련 의약품은 '병에 든 약제를 생리식염수에 섞어서 사용하는 것'이 상식이었다. 하지만 이 회사는 사전에 생리식염수를 섞어 놓은 획기적인 약을 판매했다. 의료 현장에서는 사람의 손이 필요한 과정이 늘어날수록 의료사고로 이어질 가능성이 높아진다. 그래서 약제를 섞지 않아도 되는 이 회사의 제품은 굉장히 인기가 많았다. 현장에서 일하는 사람들의 수고로움도 덜고 가격도 기존 제품보다 크게 비싸지 않았기 때문이다.

나는 '이 약은 전국의 병원에서 투석환자를 위해 사용될 것이므로 틀림없이 주가가 오를 것이다'라고 생각해서 이 회사의 주식을 샀다. 그런데 약의 원료를 원산지인 인도에서 수입해 올 수 없게 되자 생산량을 늘리지 못하게 되었다. 시장의 수요는 있었지만 생산이 따라잡지 못하는 형편이었다. 그것은 내가 예상하기 어려운 문제였다. 그런데 유가증권보고서를 살펴보니 '사업 등의 리스크'의 맨 앞에 분명히 나와 있는 게 아닌가. 그 후 이 회사의 주식은 모두 팔아 버렸지만 결국 원료 조달이 가능해져서 주가도 많이 올랐다. 팔지 않고 기다렸으면 좋았겠지만 사전에 세운 시나리오가 빗나가서 팔았으므로 후회는 없다.

'수주잔고'도 체크해 두자

지금까지 유가증권보고서에서 확인할 포인트로 '토지와 유가증권'과 '사업 등의 리스크'를 살펴보았다. 마지막 포인트는 '수주잔고'다. '수주잔고'는 주문을 받고 나서 아직 고객에게 납품하지 않은 상품이나 서비스의 대금이다. 가타쿠라공업의 유가증권보고서(2023년 12월기)에는 '기계 관련 사업'의 수주잔액이 '66억 2900만 엔(662억 9000만 원)'으로 나와 있다.

적정한 수주잔액은 업종마다 다르기 때문에 구체적인 액수는 말할 수 없다. 다만 수주잔액이 많으면 그 상품이나 서비스를 납품한 뒤 실적 향상으로 이어지므로 투자자에게는 긍정적인 요소이다. 다만 아무리 수주잔고가 많아도 단가가 싸면 크게 의미가 없다.

예를 들어 조선업계라면 무엇보다 '한 척당 수주가격'이 중요하다. 아쉽게도 유가증권보고서에서 '배 한 척당 수주가격'은 알 수가 없다. 그럴 때 나는 회사의 IR 담당자에게 직접 문의하기도 한다. 대부분의 기업에는 IR 담당자가 있다. 규모가 작은 회사는 경영기획실 직원이나 담당 임원이 대응해 주기도 한다. 최근에는 어느 기업이나 IR에 힘을 들이고 있어서 투자자에게 자세히 응답해 주는 경우가 많다.

④ 生産、受注及び販売の状況
　イ．生産実績
　　当期における生産実績をセグメントごとに示すと、次のとおりであります。

セグメントの名称	生産高(百万円)	前年同期比(%)
医薬品事業	14,981	93.1
機械関連事業	5,366	116.2
繊維事業	2,956	106.9
その他	1,434	464.0
合計	24,739	104.0

(注) 金額は、販売価格ベースで表示しております。

　ロ．受注実績
　　当社グループは、「機械関連事業」及び「その他」の一部を除き、原則として受注生産ではなく見込生産であります。
　　なお、受注生産を行っている「機械関連事業」及び「その他」の当期の受注高及び当期末の受注残高は、次のとおりであります。

セグメントの名称	受注高(百万円)	前年同期比(%)	受注残高(백만 엔)	前年同期比(%)
機械関連事業	7,303	128.9	6,629	125.1
その他	1,166	–	0	–
合計	8,469	149.4	6,630	125.1

가타쿠라공업(3001) 유가증권보고서의 '수주잔고'

4
자산가치주를 팔 때

팔 때를 감지하는 포인트

다음은 '팔 때'에 대해 살펴보자. 언제 팔면 좋을까? '자산가치주 투자', '수익가치주 투자', '시클리컬가치주 투자' 어떤 투자법이든 팔 때를 판단하기는 어렵다. 솔직히 '종목마다 다르다'라고 할 수밖에 없다. 그렇지만 모든 종목과 투자법에 적용되는 포인트는 있다. 다음 세 가지다. 순서대로 살펴보자.

① 시나리오가 빗나갔을 때

② 더 좋은 주식을 찾았을 때
③ 단기간에 너무 올랐을 때

① 시나리오가 빗나갔을 때

주식을 살 때 '그냥'은 없다. 매수 이유와 미래 전망을 분석해야 한다. 이를테면 '지금 이 종목의 상황은 이렇고 앞으로 이런 변화가 예상된다. 그 경우 주가가 올라가므로 지금이 살 때다.' 이런 식으로 자신의 투자 시나리오를 반드시 설명할 수 있어야 한다. 그러므로 매수한 뒤 '시나리오가 빗나가면 반드시 팔 때'인 것이다.

물론 시나리오가 빗나갔다고 생각해서 팔았는데 팔자마자 주가가 오르는 일도 있다. 하지만 그것은 어디까지나 결과론이다. 자신이 생각한 시나리오가 빗나갔을 때는 팔아야 한다.

참고로 시나리오 중에 '환율'처럼 예상하기 어려운 외부적 요인은 포함시키면 안 된다. '엔화 약세'를 예상했는데 엔이 올라서 판다는 식의 시나리오는 바람직하지 않다. 그보다는 기업이 보유한 토지와 유가증권의 가액이 어느 정도 오를지, 혹은 실적이 얼마나 올라갈지를 정확히 예측하는 것이 중요하다.

② 더 좋은 주식을 찾았을 때

이는 굉장히 바람직한 경우다. 특히 나중에 설명할 시클리컬가치주 투자에서는 살 만한 주식을 찾지 못할 때도 있다. 그때 '언제 오를지 알 수 없지만 오늘 가능성이 높으므로 우선 이 자산가치주에 투자하자'고 판단할 수 있다. 인플레이션으로 현금의 가치는 떨어지기 때문에 돈을 그냥 묵히기보다 훨씬 좋은 선택이다. 그 후 더 기대치가 높은 주식이 나왔을 때 갈아타면 된다. 보유하고 있는 주식이 매수했을 때보다 주가가 떨어져서 지금 팔면 손해 보는 경우가 있더라도 그 후에 얻을 수 있는 이익의 기대치가 더 크다면 망설이지 말고 팔아야 한다.

③ 단기간에 너무 올랐을 때

주가가 급하게 오르면 다시 폭락하기도 쉬우므로 단기간에 급등했다면 기본적으로는 팔 때다. 이때 중요한 것이 '거래량'이다. '거래량'은 한 종목이 일정 기간 매매된 주식의 총수를 가리킨다.

평소 하루 거래량이 100만 주 정도 되던 종목이 갑자기 2000만 주까지 급증하면 안전하게 팔 시기라고 생각하면 된다. 거래량이 현저하게 늘어나는 타이밍은 주가가 꼭짓점이나 바닥인 경우가 많기 때문이라는 점을 기억하면 좋다.

거래량이 늘었을 때는 그만큼 투자자의 손바뀜이 많다. 좀 더 자세히 말하자면 선수급인 투자자들이 빠지고 아마추어 투자자들이 들어오는 경우가 많아서 투자의 방법이 갑자기 바뀌기 쉽다. 내 경우 거래량이 늘어서 팔 때라고 생각하고 실행에 옮겼다가 실패한 적은 없었다.

이상적인 주가 상승 패턴은 '거래량과 주가가 함께 서서히 오르는 방식'이다. 이런 형태의 상승세를 지속적으로 보이는 종목은 1년이고 2년이고 장기적으로 보유하는 게 좋다. 상승하는 주가 차트를 보고 있으면 나도 모르게 팔고 싶은 충동에 휩싸이지만 이런 패턴의 주식은 여전히 잠재력이 남아 있기 때문이다.

이후 호재가 나오고 주가가 한꺼번에 뛰어오르는 타이밍이 찾아온다. 그때가 바로 팔 때다!

절대로 팔면 안 되는 타이밍

반대로 절대 해서는 안 되는 일이 주가가 떨어졌다고 당황해서 팔아 버리는 일이다.

주가가 급락했을 때 공포에 질려 헐값에 던져 버리는 것을 '투매'라고 한다. 본래는 절호의 '매수 기회'인 폭락장에서 반대로 팔아 치우는 것은 정말 아까운 일이다. 그런 일이 반복되면 당연히 돈을 벌

수가 없다.

원래 주가는 매일 바뀌는 것이다. 눈앞의 등락에 휘둘리면 절대 좋은 결과를 얻을 수 없다. 그렇다면 어떻게 해야 할까? 당연히 기업의 본질적인 가치를 바탕으로 사고팔아야 한다.

'자산가치주'의 경우 토지나 유가증권의 매각을 발표했다고 해서, 또 '취득가액'과 '매각가액'의 차액이 아무리 많아도 주가가 급등하는 경우는 별로 없다. 그러므로 매각이 발표된 타이밍에 사도 늦지 않는다. 그 후 자산의 매각 수익을 재원으로 '特別配当'을 실시하기로 결정되면 '배당이 나오기 전'이 바로 팔 때다. 특별배당은 기업이 일시적으로 이익을 얻어서 통상의 배당에 더해 추가로 특별히 지불하는 배당금이다. 이것이 발표되면 주가가 오르는 경향이 있으므로 팔 때라고 생각하면 된다.

최근 기업들이 '토지'와 '유가증권'과 같은 보유자산을 매각하는 경우가 많아졌다. 이는 주주가치 향상을 목적으로 적극적인 의견을 발표하거나 경영에 개입하는 '행동주의 투자자(activist)'의 활동이 활발해진 영향이 크다고 볼 수 있다.

행동주의 투자자가 주식을 일정량 취득한 뒤 경영에 개입하면 기업이 보유자산 매각을 가속화시킨 사례는 어렵지 않게 찾아볼 수 있으므로 주의 깊게 살펴보자.

일본의 유명한 행동주의 투자자로는 무라카미 요시아키(村上

世彰)¹²와 그가 이끄는 'C&I홀딩스(Holdings)', 옛 무라카미펀드 계열의 '미나미아오야마부동산(南青山不動産)', 옛 무라카미 펀드 출신이 설립한 싱가포르 투자 펀드 '에피시모캐피털매니지먼트(Effissimo Capital Management)¹³', 홍콩의 투자 펀드 '오아시스매니지먼트(Oasis Management)¹⁴' 등의 행동주의 펀드들이 있다. 이들은 기업의 경영진에게 '보유자산을 유효하게 활용해서 주가를 올리라'고 제언한다. 패션 브랜드 '뉴요커'를 운영하는 다이도리미티드(3205)를 앞서 소개했는데, 이 회사가 배당의 증액을 결정한 배경에는 행동주의 투자자들의 존재가 있었다. 2024년 7월에 다이도리미티드가 발표한 '주주환원에 관한 방침 및 배당 예상의 수정(증배)에 관한 안내'에는 다음과 같은 내용이 실려 있다.

12 '신의 손'이라 불리는 일본의 전설적인 투자자로 1959년 오사카에서 태어나 도쿄대학교 법학부를 졸업하고 일본 통산성에서 16년간 공무원으로 근무한 후 1999년 '무라카미펀드'를 설립하며 투자자로 변신했다. 그는 비효율적으로 운영되는 기업의 주식을 매입한 후 적극적으로 경영 개선을 요구하는 주주 행동주의를 펼쳐 일본 자본시장에 큰 영향을 미쳤다. 2006년 내부자 거래 사건으로 펀드 대표직에서 물러났지만, 현재는 싱가포르를 중심으로 개인투자자로 활동하며, 자녀들과 함께 '무라카미 재단'을 설립해 어린이 금융 교육 등 사회 공헌에도 힘쓰고 있다. 저서에 《평생 투자자(生涯投資家)》, 《머니 센스(いま君に伝えたいお金の話)》 등이 있다.
13 싱가포르에 본사를 둔 행동주의 펀드로 일본의 도시바와 닛산 등에서 적극적인 주주 활동을 펼치고 있다.
14 Barron's Oasis Management: 홍콩 기반의 펀드로, 교세라와 파나소닉 등에서 지배구조 개선을 요구했다.

> 당사는 지금까지 당사의 실질적인 최대주주인 주식회사 스트래티직캐피탈(Strategic Capital, 이하 SC)과 정기적인 면담을 실행하고 기업가치의 상승 방안과 그 실현을 위해 당사 그룹이 보유하는 임대 부동산의 유효한 활용법에 대해 의견을 교환해 왔습니다.
> 또 당사 사주인 주식회사 미나미아오야마부동산 및 그룹 회사의 대주주인 무라카미 요시아키 씨로부터도 면담 신청을 받아 당사의 기업가치 향상을 위한 논의를 해 왔습니다. 더불어 무라카미 씨는 과거 당사에 투자를 실행한 적도 있고 당사의 실적이나 이번 상황에 대해 우려를 표했습니다. 또 당사의 주주가치 향상에 투자하기 위해 의견과 제안을 해 주셨습니다.
> 당사는 SC 및 무라카미 씨를 비롯한 주주 여러분의 의견도 참고로 해서 (중략) 주주 환원의 강화책으로서 일정 기간 내에 배당의 증액 및 주식시장에서 자기 주식 취득에 대해 결의했습니다.

따라서 주가가 빠르게 오를 종목을 노린다면 행동주의 투자자의 동향을 따라가는 것도 한 가지 방법이다.

PART 3

싸다고 사지 말고, '돈을 버는 힘'을 보고 사자

↑

수익가치주 투자

수익가치주 투자

'수익 창출 능력'에 비해 주가가 저평가된 종목을 사는 투자법

난이도 ★★   수익 기대치 ★★

찾는 법
- 영업이익률 10% 이상, PER(주가수익비율) 10배 이하, PBR(주가순자산비율) 1.5배 이하, ROA(총자산이익률) 7% 이상, 시가총액 300억 엔(3000억 원) 이하로 선별

체크 포인트
- 손익계산서에서 매출액, 경상이익, 경상이익률을 확인
- 현금흐름표에서 영업활동 현금흐름, 잉여현금흐름을 확인
- 앞으로 실적이 향상될 여지가 있는지 확인

팔 때
- 실적의 성장 시나리오가 빗나갔을 때
- 더 좋은 유망주를 찾았을 때
- 단기간에 지나치게 급등했을 때
- 실적 부진의 징조가 보이기 시작할 때
- 전국적인 영업망 확대가 마무리되었을 때

장점
- 자산가치주보다 더 많은 주가 상승을 기대할 수 있다

단점
- 주가가 오를 때까지 시간이 걸릴 수 있다
- 팔 때를 판단하기가 어렵다
- 예측이 빗나가면 손실이 크다

1
수익가치주의 특징

'자산가치주 투자'에 이어서 '수익가치주 투자'에 대해 살펴보자. 수익가치주는 한마디로 'PER(주가수익비율)이 낮고 실적이 안정적으로 오르는 주식'이다. 실적이 올라가는 데 비해 돈을 버는 힘, 즉 수익 창출 능력이 저평가된 종목이다.

가치주 투자자라도 어떤 종목이 'PBR(주가순자산비율)이 낮아서 저평가되었다면 PER(≒수익 창출 능력)은 그렇게까지 신경 쓰지 않는다'라는 사람도 있다. 물론 'PART 2'에서 썼듯이 자산가치주 투자에서 실적은 '적자가 이어지지 않으면 괜찮은' 정도였다. 하지만 돈을 버는 능력을 중시하는 '수익가치주 투자'에서는, 당연한 일이지만 회사의 수익 창출 능력, 즉 실적을 의식할 필요가 있다.

수익가치주라고 불리는 종목은 수익에 비해 주가가 저평가된 기업이 많은 것이 특징이다. 또 경기 변동이 있어도 실적은 비교적 안정적인 경우가 많다. 수익가치주가 많은 업계로는 은행·금융, 상사, 철강, 자동차, 해운, 전력·가스, 건설, 의약품 등이 있다. 이들 업계는 비교적 안정적으로 수익을 확보할 수 있는 기업이 많고 PER(주가수익비율)이나 PBR(주가순자산비율)이 낮은 경향이 있다. 특히 종합상사나 해운업계, 금융업계는 수익의 안정성과 높은 배당률이 매력적이므로 가치주 투자자들이 주목하는 회사가 많은 편이다.

수익가치주가 많은 업계

① 은행·금융
- 대형은행 ㈜ 미쓰비시(三菱)UFJ파이낸셜그룹(8306), 미쓰이스미토모(三井住友)파이낸셜그룹(8316)
- 지방은행 ㈜ 지바(千葉)은행(8331), 후쿠오카파이낸셜그룹(8354)
- 증권·보험 ㈜ 다이와(大和)증권그룹 본사(8601), 도쿄해상홀딩스(8766)
금리 상승국면에서 수익이 오르기 쉽고 주가가 저평가된 채 소외되는 경우가 많다.

② 종합상사
㈜ 미쓰비시상사(8058), 미쓰이물산(8031), 이토추(伊藤忠)상사(8001), 스미토모상사(8053), 마루베니(丸紅: 8002)

폭넓은 분야의 사업을 펼치며 원자재 가격의 상승국면에서 실적이 확장되기 쉽다. PBR이 1배 이하인 종목도 많고 가치주의 대표격인 업계이다.

③ 철강·비철

㉠ 일본제철(5401), JFE홀딩스(5411), 스미토모금속광산(5713)
국제적인 철강 수요에 영향을 받지만 수익은 안정적이다. PBR(주가순자산비율)이 낮은 편이며 저평가된 경우가 많다.

④ 자동차·수송기기

㉠ 토요타자동차(7203), 혼다기연공업(本田技研工業: 7267), 닛산자동차(7201), 스즈키(SUZUKI: 7269)
세계적인 수요가 있고 전기자동차(EV) 시장의 성장도 긍정적인 영향. PER(주가수익비율)이 낮고 배당이율이 비교적 높은 편이다.

⑤ 해운

㉠ 일본우선(郵船: 9101), 상선미쓰이(三井: 9104), 가와사키기선(川崎汽船: 9107)
실적 변동이 크지만 운임이 상승하면 수익이 대폭 확대된다. 배당이율이 높고, 이익에 비해 주가가 비교적 저평가되기 쉽다.

⑥ 전력·가스

㉠ 도쿄전력홀딩스(9501), 간사이전력(関西電力: 9503), 주부전력(中部電力: 9502), 오사카가스(大阪瓦斯: 9532)
경기에 좌우되는 일이 별로 없고 안정된 수익을 올리기 쉽다. 재생에너지 도입이 진행되는 중이므로 장기적인 성장도 기대할 수 있다.

⑦ 건설·인프라

㉠ 다이세이건설(大成建設: 1801), 시미즈건설(清水建設: 1803), 가지마건설(鹿島建設: 1812)
공공사업과 도시재개발 사업으로 비교적 안정적으로 수주 확보. 부동산 가격상승에 동반한 자산가치 평가도 포인트.

⑧ **의약품·헬스케어**

㉾ 다케다(武田)약품공업(4502), 오츠카(大塚)홀딩스(4578), 에자이(Eisai: 4523)
신약 개발의 성공 여부에 따라 큰 폭의 성장도 기대. PBR(주가순자산비율)이나 PER(주가수익비율)이 비교적 저평가되는 경우가 있다.

⑨ **외식업계**

㉾ 스카이락(SkyLark)홀딩스(3197), 요시노야(吉野家)홀딩스(9861), 마쓰야(松屋)푸즈홀딩스(9887), 일본맥도날드홀딩스(2702), 코로와이드(COLOWIDE: 7616)
M&A나 디지털 주문과 셀프 계산대 도입과 같은 디지털 전환(DX)으로 비용 절감을 추진하는 기업이 많다. 국내시장은 성숙해졌지만 해외시장에서 성공하면 앞으로도 성장 여지가 있다.

⑩ **유통업계(소매·슈퍼마켓·드럭스토어·홈센터)**

㉾ 이온(8267), 세븐&아이홀딩스(3382), 야오코(Yaoko: 8279), 라이프코퍼레이션(Life Corporation: 8194), 쓰루하(TSURUHA)홀딩스(3391), 코난상사(Kohnan Shoji: 7516)
불황에 강한 경기방어주로 안정된 수익을 확보하기 쉽다. 디지털 전환, 물류 개혁, 자체개발 상품(PB)의 강화로 수익률이 향상될 가능성이 있다.

자산가치주는 본업의 실적이 뛰어나지 않고 주가가 언제 올라갈지 알 수 없는 종목이 많다. 반면 수익가치주는 주가의 완만한 상승을 기대할 수 있다. 또 자산가치주는 토지나 유가증권을 팔아 버리면 기업의 매력이 떨어지지만 수익가치주는 실적이 계속 늘어나는 한 주가가 함께 상승하는 것도 매력이다.

나는 2008년 리먼 쇼크 이후 돈가스 전문점 '가츠야'를 운영하는 아크랜드서비스(현 아크랜드서비스홀딩스: 2023년 상장 폐지)의 주식을 샀다. 이 회사는 2007년 당시 자스닥(JASDAQ)[15]에 막 상장한 터라 시가총액이 20억 엔(200억 원) 정도에 불과한 '초소형주'였다. 당시 나는 효고현 히메지시(姬路市)의 병원에 근무했는데 근처에 '가츠야'가 있었다. '가츠야'는 싸고 빠르고 맛있어서 매일같이 드나들었다. 데이트할 때도 '가츠야'를 자주 이용하면서 그 가게의 장점에 대해 열변을 토했을 정도다. 당시 여자 친구였던 아내는 그런 나를 보고 아마 정이 떨어졌을 것이다.

통상 경기가 후퇴하면 외식산업은 직격탄을 맞아 업체들은 그 여파를 고스란히 감당하게 된다. 따라서 리먼 쇼크로 경기가 크게 후퇴했던 당시, '외식산업의 주식은 지금 사면 안 된다'라는 이야기가 많았고 그대로 싼 가격으로 방치되어 있었다. 하지만 나는 실제로 '가츠야'에서 먹어 보고 좋은 식당이라는 확신이 있었으므로 반드시 사야 한다고 생각했다.

다만 너무 성급한 감이 있어서 다른 외식산업의 종목은 어떤지 본격적으로 공부하기 시작했다. 효고현에서 오사카, 교토까지 상장한 외식업체의 점포를 맛집 탐방하듯 여기저기 돌아다녔다. 인터넷으로 업체에 대한 정보는 대강 수집할 수 있지만 역시 '오감'을 이용

---

15 2022년 4월 도쿄 증시 재편으로 기존 자스닥과 마더스 시장 등이 폐지되었고, 현재는 기업 특성에 따라 프라임(대기업), 스탠다드(중견기업), 그로스(성장기업) 세 시장으로 구성되어 있다.

해서 실제로 체험하는 것이 중요하다. 그런 다음 인상이 좋은 기업은 유가증권보고서의 재무제표에서 '인건비', '임대료', '원재료비'를 확인했다. 그 결과 '역시 아크랜드서비스가 가장 기대할 수 있는' 종목이라고 결론 내렸다. 내가 구체적으로 무엇을 더 확인했는지는 다시 설명하겠지만 결과적으로 아크랜드 주식은 매수한 주가의 10배, 소위 텐배거를 넘긴 다음 매각했다.

100배 주(헌드레드 배거)를 놓치고 반성

그 다음에 산 것이 초저가 전략으로 무섭게 성장하는 '업무슈퍼(業務スーパー)'를 운영하는 고베물산(神戶物産: 3038)이다. 내가 주목한 때는 이 회사가 전국적으로 매장을 확대하려고 나설 무렵이었다. 효고현 가코가와시(加古川市)에 있는 본사를 찾아가 보니, 꽤 이름이 알려졌을 무렵이었는데도 조립식 주택 같은 간소한 건물이었다. 본사 사옥을 보고 미국의 전설적인 펀드 매니저 피터 린치(Peter Lynch)가 "본사가 검소한 회사일수록 주가가 오를 가능성이 높다"라고 했던 말이 떠올랐다.

다만 그 시점에서 고베물산의 실적은 썩 좋지 않았다. 영업점 확대에 대비해 창고를 신설한 시기여서 설비투자가 상당히 늘었기 때문이다. 그 때문에 분기마다 실적 발표를 바탕으로 매매하는 투자자들에게 매력적인 투자 대상은 아니었고 주가가 저렴한 상태에서 매수할 수 있었다. 그런데 고베물산의 주식을 산 뒤 주가가 3배 오르자 모두 매각해 버렸다. 내가 샀을 때 시가총액 80억 엔(800억 원) 정도였는데 팔 때는 240억 엔(2400억 원)까지 늘어난 상태였다. 그때도 충분한 수익을 올렸지만 지금 시가총액은 무려 9000억 엔(9조 원) 규모로 성장했다. 어디까지나 결과론이지만 10배 주가 아닌 100배 주가 된 셈이다.

지금 돌아보면 너무 성급하게 매각한 감이 있다. 역시 주가가 아니라 회사의 가치로 판단해야 했다. 전국으로 영업을 확대할 때까지 계속 보유할 생각이었는데 어리석은 결정을 내린 셈이다. 지금은 뼈 아픈 교훈으로 삼고 있다.

2
수익가치주를 찾는 법

수익가치주를 '찾는 법'을 알아보자. 자신이 쓰기 편한 주식 정보 사이트를 이용해 다음 조건에 맞는 종목을 스크리닝한다.

① 영업이익률 10% 이상
② PER(주가수익비율) 10배 이하
③ PBR(주가순자산비율) 1.5배 이하
④ ROA(총자산순이익률) 7% 이상
⑤ 시가총액 300억 엔(3000억 원) 이하

이상 다섯 가지 조건을 모두 충족하는 종목을 찾아보자. 없는 경우에는 각각의 조건을 조금씩 완화해 본다. 순서대로 설명하면 아래와 같다.

① 영업이익률 10% 이상 → 영업이익률 8~9% 이상

많은 수익가치주 투자자들이 '영업이익률 10% 이내'에서 종목을 스크리닝하는 경향이 있다. 따라서 스크리닝의 기준을 일부러 완화하면 '숨겨진 원석'을 찾아낼 수 있다.

② PER(주가수익비율) 10배 이하 → 15배 이하

닛케이 평균주가가 상승하면서 PER(주가수익비율)도 같이 올랐으므로 조건을 완화한다면 15배 정도까지는 허용 범위에 들어간다.

③ PBR(주가순자산비율) 1.5배 이하

이 조건은 그렇게 중요하지 않다. 그래도 '그레이엄 지수'에 따라 'PER × PBR = 22.5 이하'의 기준은 넘지 않는 게 좋다.

④ ROA(총자산이익률) 7% 이상

ROA는 기업이 보유하는 총자산을 얼마나 효율적으로 활용해서 수익을 내는지 나타내는 지표다. 계산식은 당기순이익 ÷ 총자산

× 100이다. ROA의 기준은 5% 정도로 정해져 있지만 수익률 상승을 위해서는 효율적인 경영이 필요하므로 나는 'ROA 7% 이상'을 기준으로 삼는다.

⑤ 시가총액 300억 엔(3000억 원) 이하

이 경우 왜 콕 집어서 300억 엔 이하일까? 일본 최대 규모를 자랑하는 토요타자동차(7203)의 시가총액은 44조 엔(440조 원, 집필 시점 기준)이므로 시가총액 300억 엔이면 규모가 상당히 작은 '소형주'에 속한다. 이런 종목은 아직 성장 여지가 남아 있을 뿐 아니라 주목하는 투자자도 적다. 하지만 시가총액 300억 엔을 넘기면 시장의 주목을 받기 쉬워진다. 시가총액이 수십억 엔 규모라면 매매가 성립하지 않는 문제점도 있지만 시가총액 1000억 엔(1조 원)을 넘어 버리면 수익가치주로서는 규모가 너무 커진다.

예를 들어 '가츠야'도 마찬가지였지만 점포가 늘어나면 영업효율이 높아지므로 영업이익률은 좋아진다. 점포가 늘어나도 본사 비용이 점포 수에 정비례해서 늘지 않기 때문이다. 점포가 많아질수록 본사 비용이 낮아지므로 당연히 영업이익률이 높아진다. 그렇게 되면 '매출액의 증가×영업이익률의 증가'의 곱셈이 되므로 가속도가 붙어 성장 속도가 빨라지고 개인투자자와는 비교도 안 될 정도로 거액의 자금을 운용하는 기관투자자들이 참여하게 된다.

스크리닝한 종목을 체크할 때 중요한 포인트 중 하나가 '전국으로 사업을 확대할 여지가 남아 있는가' 하는 점이다. 이미 전국적으로 영업을 펼치고 있다면 성장 여지의 측면에서는 별로 매력적이지 않다. BtoC(소비자 대상 거래) 기업의 경우, 효고현에 살던 내가 고베물산(3038)에 주목해서 투자한 것처럼 자신이 사는 지역에서 영업 실태를 직접 확인할 수 있는 회사를 우선적으로 검토해 볼 것을 추천한다. 내 경험상 국지적으로 시작한 사업이 전국적으로 확대될 때까지 20년 정도 걸리는 경우가 많다. 휴대전화도 마찬가지였다. 휴대전화는 1985년에 탄생해서 2000년 전반 무렵부터 폭발적으로 퍼져 나갔다.

　수익가치주를 스크리닝했더니 사실은 자산가치주의 특성도 가진 경우가 있다. 그럴 때는 주식을 사야 하는 이유가 더 늘어나는 셈이다. 자산가치주와 수익가치주, 어느 쪽이 좋은지 고민될 때는 확실한 것을 골라야 한다. 원칙적으로 수익가치주는 한창 성장하는 중이므로 분명히 지금 사는 편이 저렴하다. 한편 자산가치주는 본업의 실적이 그렇게 좋지 않을 것이므로 큰 움직임이 없는 이상 오랫동안 주가가 제자리걸음을 할 가능성이 높다. 따라서 자산가치주가 '언제 오를지' 전혀 보이지 않는 상태라면 수익가치주에 우선 투자하는 편이 좋다.

3
수익가치주를 찾는 구체적인 방법

손익계산서의 체크 포인트

    수익가치주 투자의 경우 재무상태표보다 중요한 것이 '손익계산서'와 '현금흐름표'다. 먼저 손익계산서를 살펴보자. 손익계산서는 'Profit & Loss Statement'로 'P/L'이라고 생략해서 쓴다. 회사의 연간 수익성과 성장성을 나타내는 지표다. 다음과 같은 항목의 숫자를 확인할 수 있다.

손익계산서(P/L)란?

기업의 '돈을 버는 힘'을 나타내는 성적표라고 할 수 있는 손익계산서

손익계산서(P/L)에서 확인할 수 있는 숫자는 다음과 같다.

① 매출액(수익)

② 매출총이익(총이익 = 매출액 - 매출원가)

③ 영업이익

④ 경상이익

⑤ 법인세비용차감전 순이익

⑥ 당기순이익

조금 더 자세히 손익계산서(P/L)를 설명해 보면?

❶ 매출(수익) → 연간 총매출
　↓ 매출원가를 뺀다
❷ 매출총이익(총이익)
　↓ 매출관리비(인건비 등)를 뺀다
❸ 영업이익
　↓ 영업외비용이나 영업외손익(이자 등)을 뺀다
❹ 경상이익
　↓ 특별손익을 뺀다
❺ 법인세비용차감전 순이익
　↓ 법인세 등 세금을 뺀다
❻ 당기순이익

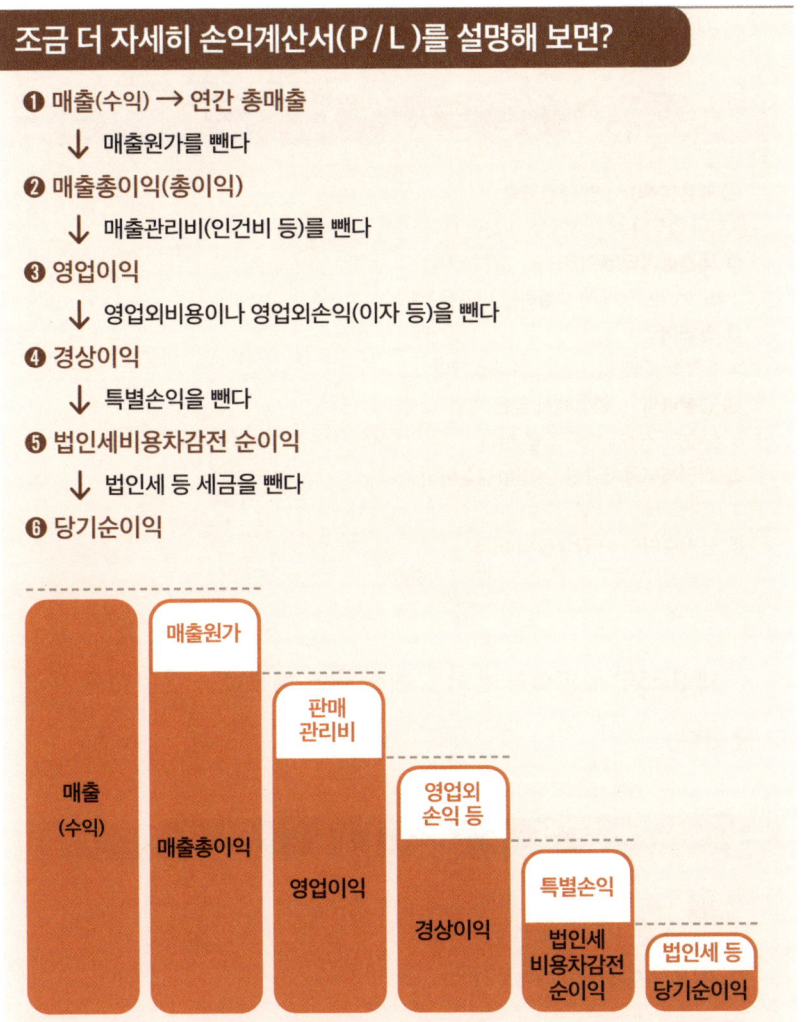

모두 같은 이익인데 무엇이 다를까? 간단히 말하면 ①에서 ⑥은 서로 다음과 같은 관계가 있다.

알기 쉽게 실제 '카페'를 운영할 경우를 예로 들어보자.

카페의 손익계산서(P/L)를 예로 든다면?

① **매출(수익)** → 연간 총매출
↓ 커피 원두나 식자재에 든 비용을 뺀다
② **매출총이익(총이익)**
↓ 아르바이트생에게 지불하는 비용을 뺀다
③ **영업이익**
↓ 가게를 열 때 빌린 돈의 이자를 뺀다
④ **경상이익** → 본업에서 얻은 이익
↓ 카페 단골에게 받은 팁을 뺀다
⑤ **법인세비용차감전 순이익/경상이익**
↓ 세금을 뺀다
⑥ **당기순이익** → 장부상의 이익

대강 모두 설명했는데 이 중에서 내가 체크하는 것은 다음 세 가지뿐이다.

손익계산서(P/L)의 세 가지 체크 포인트

① 매출
② 경상이익
③ 경상이익률(경상이익 ÷ 매출 × 100)

다시 말해 본업에서 얼마나 돈을 벌었는지, 얼마나 효율이 좋은 경영을 했는지를 체크하는 것이다. 만일을 위해 '영업이익'과 '경상이익'이 어느 정도 차이가 나는지도 봐 두는 게 좋다.

영업이익과 경상이익의 차이는 보통 그렇게 크게 벌어지지 않는다. 경상이익이 많은 경우는 현금성 자산이 꽤 남아 있는 상태다. 가치주 투자는 이런 종목을 좋아한다. 한편 경상이익이 적다는 것은 대출이 많아서 금리 부담이 크다는 의미다. 그런 종목은 재무 상황이 나쁘기 때문에 주의가 필요하다.

매출이나 경상이익의 추이는 대개 5년분 정도를 보면 충분하다. 인터넷에서 검색하면 어렵지 않게 확인할 수 있다. 매출과 경상이익률이 다소 떨어지는 시기가 있어도 전체적으로 우상향하고 있다면 문제없다.

현금흐름표의 체크 포인트

또 하나 중요한 것이 '현금흐름표'다. 현금흐름표는 일정 기간 기업의 현금이 늘어나고 줄어든 것을 기록한 것이다. 지금까지 소개한 '재무상황표', '손익계산서'만 가지고는 기업의 '현금흐름'을 알 수 없다. 가게를 예로 들면 손님이 많아서 매출은 오르지만 외상이 많아서 현금이 없으면 재료도 구입할 수 없고 아르바이트생 월급도 줄 수 없으므로 가게는 망하고 만다.

기업에 어느 정도 현금이 움직이는지 알기 위해서는 현금흐름표를 봐야 한다. 내가 느끼기에 '손익계산서'를 중시하는 투자자는 많지만 '현금흐름표'를 중시하는 사람은 별로 없는 것 같다. 굳이 현금흐름표를 체크하지 않아도 PER(주가수익비율)이나 PBR(주가순자산비율)과 같은 주요 지표로 판단할 수 있기 때문이다.

하지만 경영자의 시점으로 생각해 보자. '투자자가 손익계산서만 중시한다'는 사실을 알고 있으면 가능한 한 보기 좋은 손익계산서를 만들려고 할 것이다. 실제 손익계산서에는 아슬아슬하게 법률 위반이 되지 않도록 '분식회계'에 가까울 정도로 조정을 한 것도 있다. 돈을 벌면 벌수록 세금을 많이 내야 하므로 실제로는 이익이 더 많이 나지만 가능한 한 이익을 적게 보이려는 경우가 적지 않다.

그런 현실적인 속사정이 있으므로 오히려 손익계산서는 간단히 확인만 하고 재무상태표를 체크해서 실적 평가는 현금흐름표로 하는 것이 중요하다. 현금흐름표는 '영업활동 현금흐름', '투자활동 현금흐름', '재무활동 현금흐름', '잉여현금흐름'으로 나누어진다. 하나씩 살펴보자.

재무 상태가 건전한 기업은 잉여현금흐름이 많아서 그것을 뺀 모든 현금흐름을 더한 금액이 플러스 상태가 된다. 잉여현금흐름과 함께 내가 중시하는 것이 '영업활동 현금흐름'이다. 잉여현금흐름은 통상 '영업활동 현금흐름에서 투자활동 현금흐름을 뺀 금액'이지만 어디까지나 사업에 국한된 현금흐름을 보고 싶기에 나는 독자적으로 잉여현금흐름을 '영업활동 현금흐름에서 설비투자를 뺀 것'으로 정

현금흐름의 네 가지 종류

• 영업활동 현금흐름: 영업활동과 관련된 것(본업)
회사의 본업으로 벌어들인 돈의 흐름. 플러스라면 사업이 순조롭다는 뜻이고 마이너스라면 본업에서 적자일 가능성이 있다.

• 투자활동 현금흐름: 투자활동과 관련된 것
설비투자나 주식·부동산 매매에 의한 돈의 흐름. 보통 성장하는 기업은 마이너스, 즉 투자하고 있다.

• 재무활동 현금흐름: 자금조달에 관련된 것
차입이나 주식발행, 배당 지불과 같은 자금조달에 의한 현금흐름. 플러스라면 자금조달, 마이너스라면 변제나 배당에 사용되었다고 볼 수 있다.

• 잉여현금흐름: 회사가 자유롭게 쓸 수 있는 돈
영업활동 현금흐름에서 투자활동 현금흐름을 뺀 것으로 'Free Cash Flow'라는 영어 표현 그대로 회사가 자유롭게 쓸 수 있는 돈. 잉여현금흐름이 플러스면 재무적으로 건전하다는 증거이고 마이너스라면 자금부족의 가능성이 있다.
결국 기업은 본업의 이익(영업활동 현금흐름)을 제대로 확보하면서 투자(투자활동 현금흐름)와 차입·변제(재무활동 현금흐름)를 균형 있게 관리하고 최종적으로는 자유롭게 쓸 수 있는 돈(잉여현금흐름)을 늘리는 것이 중요하다.

의한다.

수익가치주에서 영업활동 현금흐름이 중요한 이유는 자산가치주처럼 '토지'나 '유가증권'을 팔지 않고 본업의 영업수지를 체크하는 것이 중요하기 때문이다. 특히 성장주의 경우, 지금 투자자들에게 잘 보이고 싶은 나머지 장래 이익을 미리 당겨서 장부에 계상하는 경우가 사실은 적지 않다. 그것은 손익계산서를 보는 것만으로는 알 수 없다. 돈을 잘 벌고 있다고 생각했는데 영업활동 현금흐름을 보았더니 '이 영업활동 현금흐름으로는 저 손익계산서가 이상하지 않은가?'라는 것을 깨닫게 된다.

순이익과 영업활동 현금흐름을 비교해서 순이익이 더 많은 기업은 조금 무리하고 있을 가능성이 있다고 할 수 있다. 또 성장을 위해서 회사가 자유롭게 쓸 수 있는 잉여현금흐름이 중요하다. 다소 엉성하게 세운 계획처럼 보여도 현금흐름의 범위 안에서 사용하고 있다면 문제는 없다.

마지막으로 재무상태표를 살펴본다. 여기서도 '순현금에 문제는 없는지', '영업권은 너무 크지 않은지' 정도를 체크해 두면 된다.

수익가치주로 내가 주목하는 곳은 사무실 관엽식물 대여 서비스 대기업인 유니버설원예사(ユニバーサル園芸社: 6061)다. 오사카부(大阪府) 이바라키시(茨木市)에 본사가 있는데 이 회사가 기른 관엽식물이나 꽃꽂이 장식을 알게 모르게 본 적이 있을 것이다. 원예사업은

그다지 이익률이 높지 않고 후계자 문제로 고민하는 곳도 많은데 유니버설원예사는 그런 경쟁사들을 합병해서 규모를 키우고 있다. 마치 동네 야구팀에 메이저리거가 들어온 상황으로 원예업계에서는 무적의 상태다. 그런 지방에서 출발한 기업이 영업 지역을 확대해 감에 따라 성장해 가는 시나리오는 알기 쉬울 것이다.

4
수익가치주를 팔 때

　수익가치주를 파는 시기도 기본적으로는 '시나리오가 무너졌을 때', '더 좋은 주식을 찾았을 때', '단기간에 지나치게 올랐을 때'인 것에는 변함이 없다. 수익가치주 투자에서는 원칙적으로 '해당 업계에서 추종을 불허하는 상품과 서비스를 보유하고 있어서 전국적으로 사업을 펼친다'는 시나리오를 세운다. 반대로 더 강력한 경쟁자가 나타났을 때는 '시나리오가 무너지기' 때문에 팔 때인 것이다.

　수익가치주 투자에서 적정한 팔 때는 '예상과 달리 실적에서 그늘이 보이기 시작했을 때'다. 실적에 그늘이 보이기 시작한다는 것은 앞으로 주가가 하락할 것을 의미한다. 냉정하게 말하자면 '실적에 그늘이 보이기 시작했다'고 판단하는 것이 결산 타이밍으로는 늦을 수 있다. 결산 정보는 누구라도 접근할 수 있기 때문에 이미 주가는 하락했을 것이다. 따라서 어떻게든 다른 투자자들보다 앞서 정보를 얻는 것이 중요하다. 때를 놓쳐서 이미 주가가 하락해 버렸어도 '실적이 반드시 회복된다'는 근거를 찾아낼 수 없다면 그때라도 파는 편이 좋다.

'손해 보고 싶지 않다'는 생각이 너무 강하면 '어차피 주가는 회복한다'는 근거 없는 자신이 생기기 때문이다. 이른바 희망회로인 셈이다. 하지만 언제 회복할지 모르는 주식을 계속 보유하면 자금효율이 악화되어 오히려 손해다. 주가가 내려가도 '만일 지금 이 주식을 처음 알았다면 살 것인가'를 생각했을 때 확신할 수 없다면 팔아 버리자. 일단 팔고 나서 다시 고민이 되면 그때 사면 그만이다. 결국 미실현 손실을 껴안은 종목을 계속 보유하는 것보다 자금효율도 높아지고 정신 건강에도 좋다. 나는 한 번 팔아버린 종목을 다시 사는 경우는 없다. 그 정도 각오와 분석을 바탕으로 매각하고 있기 때문이다.

수익가치주의 특징으로 보면 앞서 말한 대로 '전국적인 영업 확대가 끝난 단계'도 팔 때다. 어떤 의미에서 이것은 '실적에 그늘이 보이기 시작했을 때'이기도 하다. 특히 소매·음식업의 경우 전국적인 체인점 확대가 일단락되면 지금까지 파죽지세로 성장하던 속도가 둔화할 것이 쉽게 예상된다.

주가는 '현재 성장세를 유지할 수 있다'는 것을 전제로 가격이 결정되므로 성장 속도가 둔화하면 당연히 주가는 떨어진다. 직접 기업 현장을 답사하거나 업계 사람의 의견을 들으면서 다른 투자자보다 한발 앞서 변화를 알아차리고 파는 것이 가장 이상적이다.

또 전국구 영업이 하나의 포인트가 되기는 하지만 대도시권, 특히 도쿄를 중심으로 한 수도권까지 제패하고 나면 출점 속도가 떨어지는 경향이 강하다. 다만 출점 속도가 완만해지더라도 매출과 이익을 계산해 보니 '월별 결산이 계속 오른다'고 확신할 수 있을 때도 있다. 그때만큼은 팔지 않고 계속 보유해도 좋다.

PART 4

적자 회사야말로 보물창고다

↗

시클리컬가치주 투자

시클리컬가치주 투자

경기가 순환하는 업계에서 '경기의 바닥'에 있는 종목을 사는 투자법

 ★★★   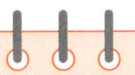 ★★★

찾는 법
- 업계가 경기순환의 영향을 받는지, 그 기업이 '경기의 바닥'에 있는지 확인

체크 포인트
- 유가증권보고서 등을 통해 '고정비'와 '변동비'를 나누고 수익을 내는 구조를 이해한다
- 수익이 올랐을 경우의 PBR(주가순자산비율)과 PER(주가수익비율)을 역산한다

팔 때
- 실적의 성장 시나리오가 빗나갔을 때
- 더 좋은 유망주를 찾았을 때
- 단기간에 지나치게 급등했을 때

장점
- 주가의 상승폭이 크다

단점
- 면밀한 기업 분석이 필요하다
- 살 만한 주식이 없을 때가 있다

1
시클리컬가치주의 특징

'자산가치주 투자', '수익가치주 투자'에 이어 살펴볼 것은 내가 가장 자신 있는 '시클리컬가치주 투자'다. 시클리컬가치주는 '경기 변동에 따라 주가가 크게 움직이는 주식'이다. 구체적으로는 '철강·비철·광업·유리·석유·석탄·고무·화학·섬유·종이 펄프'와 같은 업계의 주식을 말한다. 한마디로 '옛날부터 내려오던 오래된 업계'다.

우선 기본적인 내용부터 정리해 보자. 시클리컬가치주의 종목을 선정할 때는 다음과 같은 포인트를 확인해야 한다. 시클리컬가치주는 경기 변동에 연동되기 쉬우므로 적절한 타이밍에 싸게 사들이는 것이 핵심이다. 한마디로 '차별화가 어렵고 회사에 따라 상품과 서비스가 크게 바뀌지 않는 업계'라는 이미지가 있다.

예를 들어 은행에 돈을 맡기려 할 때 어느 한 은행만 금리가 특별나게 높은 경우는 없다. 자동차 기름을 넣을 때도 마찬가지다. 어떤 한 회사의 기름만 연비가 엄청 좋은 일은 없다. 다시 말해 시클리컬가치주는 서로 엇비슷한 수준의 기업이 모인 업계에 많다.

시클리컬가치주를 고르는 법

① 경기순환의 국면 파악하기
시클리컬가치주는 경기변동에 좌우되므로 무엇보다 거시경제의 국면을 파악하는 것이 중요
- 회복기(바닥 → 상승): 건설, 반도체, 철강, 해운 등이 상승하기 쉬운 시기
- 호황기(천장): 자동차, 항공, 여행, 에너지가 수혜를 입기 쉬운 시기
- 후퇴기(절정 → 감속): 경기방어주(식품, 의약품, 공공사업)가 유리한 시기
- 불황기(바닥): 시클리컬주는 일제히 부진해서 가치주의 성격을 띠는 시기
→ 후퇴기에서 불황기 사이에 시클리컬가치주를 사 모으는 것이 정석

② 저평가된 종목 판별하기(가치주 관점)
시클리컬가치주를 살 때는 밸류에이션 지표의 저평가 정도가 중요

핵심 체크 지표
- PER(주가수익비율): 과거의 평균 PER과 비교해서 저평가되었는지 판단(경기 후퇴기는 PER이 높아지므로 주의)
- PBR(주가순자산비율): PBR 1배 이하 종목은 저평가되었다고 판단(업계의 평균 PBR과 비교)

- EV/EBITDA(기업가치/이자비용, 세금, 감가상각비 차감전 영업이익)[16]: 기업의 수익 창출 능력을 측정하는 지표. 낮을수록 주가는 저평가되었다고 봄

③ 업종별 경기 사이클을 활용하기
시클리컬가치주는 업종마다 경기 사이클이 다름

업종	경기가 좋아지기 쉬운 국면	주목 포인트
철강·비철	회복기 ~ 호황기	중국의 인프라 투자와 건설 수요
자동차	회복기 ~ 호황기	EV(전기자동차) 관련 및 판매 대수 증감
해운	회복기 ~ 호황기	BDI(벌크 운임지수, Baltic Dry Index) 추이
반도체	회복기 ~ 호황기	반도체 사이클 (2~3년마다 호황과 불황 반복)
에너지(석유·천연가스)	호황기	원유가격 동향
여행·레저	호황기	소비자의 가처분 소득 증감

→ 각 업계의 경기순환 타이밍을 판별해서 매수 시기를 결정함

④ 대규모 투자자의 동향 체크하기
- 기관투자자의 매매 동향: 일본 금융청의 전자공시시스템 'EDINET'[17]이나 대

---

[16] EV: Enterprise Value의 약자. 시가총액에 순부채를 더한 값으로 기업의 총가치를 나타내는 지표.
EBITDA: Earnings Before Interest, Taxes, Depreciation, and Amortization의 약자. 기업의 순이익에서 이자, 세금, 감가상각비, 무형자산상각비를 빼기 전의 영업이익으로 기업의 본질적인 영업활동으로 인한 수익성을 평가하는 지표.

[17] 일본 금융청(FSA)에서 운영하는 일본 상장기업의 공시 정보를 제공하는 사이트. 유가증권보고서, 재무보고서 등을 영어와 일본어로 제공한다. 한국의 금융감독원

량보유상황보고서[18]를 체크
- 경영자의 자사주 매입 정보: 저평가되었다고 판단되었을 가능성
- 배당정책의 변동: 배당·자사주 매입 = 주가 상승의 신호
→ 대규모 투자자가 사들이기 시작한 종목은 시클리컬가치주가 바닥을 쳤다는 신호가 되는 경우가 많음

정리
- 경기순환을 파악하고 불황 국면에서 사들인다
- PER·PBR·EV/EBITDA 등의 지표로 저평가된 종목을 선택한다
- 업종마다 경기 사이클을 고려한다
- 수요와 차트 분석을 활용해서 타이밍을 판별한다
- 기관투자자와 경영자의 동향도 체크한다

'불황기에 사고 호황기에 팔기'를 의식하면 시클리컬가치주 투자의 성공 확률이 올라간다

대부분 오래된 업계이므로 너희가 좋아할 만한 특별한 매력은 별로 없다. IT 기업은 시클리컬가치주에 포함되지 않는다. 따라서 젊을 때부터 오히려 그런 업계를 눈여겨봐 두면 자신만의 큰 강점이 될 수 있다. **시클리컬가치주 투자란 결국 수익가치주만큼 성장 잠재력이 있는 종목을 자산가치주 정도의 가격으로 싸게 사는 투자법이다.**

[18] (FSS)이 운영하는 'DART(Data Analysis, Retrieval and Transfer System)'에 해당한다. 주식 등을 5% 이상 보유하게 되거나 이후 보유 비율이 1% 이상 변동된 경우, 보유 목적 등 중요한 상황이 변경된 경우 5영업일 이내 해당 내용을 총리에게 보고서로 제출해야 한다. 흔히 '5% 룰'이라고 부른다. 한국에서는 금융위원회와 거래소에 보고해야 한다.

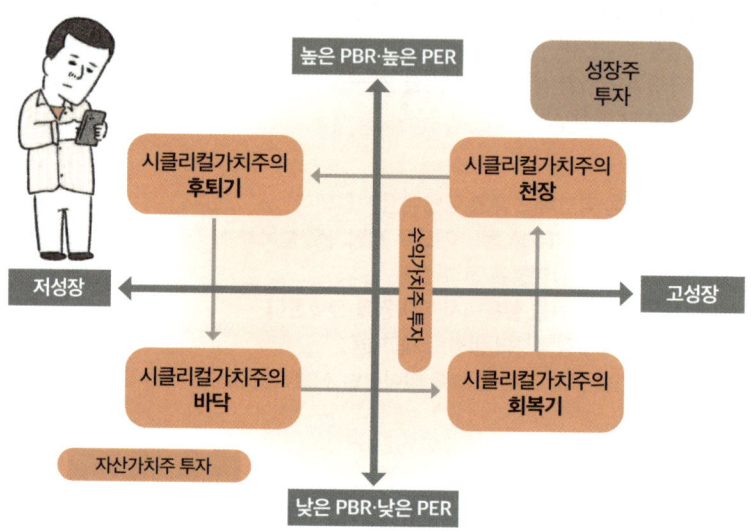

주가가 급등하면 성장주로 취급되기도 한다. PART1에서 제시한 표를 다시 한번 살펴보자.

자산가치주는 PER도 PBR도 낮은 주식이었다. 시클리컬가치주를 사야 할 타이밍은 자산가치주와 같은 수준 혹은 그보다 낮게 평가되었을 때다. 시클리컬가치주는 경기순환에 맞추어 서서히 성장 속도를 올려 나간다. 그에 따라 투자자들의 평가가 높아지고 한층 더 빨리 성장한다. 결과적으로 성장주만큼 급성장하는 것은 아니지만 안정적으로 성장하는 수익가치주보다는 빠른 속도로 성장한다.

수익가치주의 안정적인 성장은 원칙적으로 '흑자 폭이 늘어나는 것'이 포인트다. 반면 시클리컬가치주의 성장은 '적자에서 흑자로 전환'하는 것이 포인트가 된다. 적자결산은 분명히 부정적인 평가요소지만 실적이 일단 바닥을 찍고 올라오기 때문에 흑자로 전환했을 때 시장 반응은 훨씬 더 커진다.

다시 표를 살펴보자. 원칙적으로 시클리컬가치주는 천장, 즉 오른쪽 위까지 올라가도 '성장주 중의 성장주'에는 미치지 못한다. '성장주 중의 성장주'는 이를테면 미국의 엔비디아(NVDA)나 테슬라(TSLA), 아마존 닷컴(AMZN)처럼 혁신적인 기술과 서비스로 급속도로 성장한 회사들이다.

하지만 이들을 목표로 하다가 사라진 회사는 셀 수 없이 많다. 미래가 불확실한 회사에 소중한 자신의 돈을 투자하기보다 경기순환에 따라 성장하는 주식을 선택하는 편이 전체적인 기대수익률은 훨씬 높다. 그림의 왼쪽 아래 있는 시클리컬가치주를 찾아낸다면 너희의 투자 인생은 이미 승리가 확정된 것이나 마찬가지다.

'시클리컬가치주'의 주가는 어떻게 오르나?

그렇다면 시클리컬가치주는 어떻게 주가가 올라가는 것일까. 그 순환 과정에 대해 살펴보자. 우선은 다음 표를 봐 주기 바란다.

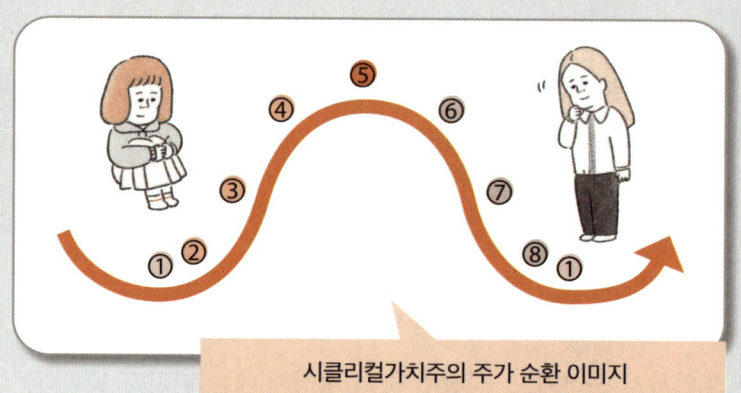

시클리컬가치주의 주가 순환 이미지

	매출	=	수량	×	가격	경기
①	→	=	→	×	→	바닥 다지기/바닥 확인
②	↑	=	↑	×	→	회복
③	↑	=	↑	×	↑	확대
④	↑	=	→	×	↑	과열
⑤	→	=	→	×	→	고점
⑥	↓	=	↓	×	→	후퇴
⑦	↓	=	↓	×	↓	불황
⑧	↓	=	→	×	↓	동트기 전
①	→	=	→	×	→	바닥 다지기/바닥 확인

　우선 '수량'이 늘어나 '가격'에 전가되고 '매출'이 늘어나는 수순이다. 예를 들어 코로나 시국에 마스크가 날개 돋친 듯이 팔렸던 때를 생각해 보자. 위의 표처럼 '인기가 또 인기를 부르지만 일단 진정되면 단숨에 폭락한다'는 사실을 알 수 있다.

　사실 이런 상황은 많은 업계에서 일어난다. 이 시기의 파도를 잘 이용하면 큰돈을 벌 가능성이 높다. 하지만 이런 시클리컬가치주를 추천하는 투자자는 별로 없다. 오히려 피하는 분위기다. 내가 추천하는 시클리컬가치주 투자법은 주가가 떨어진 회사의 주식을 사는 것이다. 흑자보다 적자가 나는 종목이 더 좋다. 이런 방식의 투자가 '너무 위험하다'고 여기는 사람도 있다.

대박 수익이 나오기 쉬운 투자법

제품과 서비스를 다른 기업과 차별화하기 어려워 가격 경쟁에 빠지기 쉬운 업계의 회사를 '코모디티(Commodity, 상품) 기업'이라고 부른다. 예를 들면 철강·석유·곡물·반도체 일부 등 상품과 서비스의 차이가 별로 없고 시장에서는 주로 가격으로 경쟁하는 종류의 산업이다. 그런 의미에서 시클리컬가치주는 대부분 코모디티 기업이라고 할 수 있다. PER(주가수익비율)이나 PBR(주가순자산비율)이 낮은 가치주를 골라보면 대부분 코모디티 기업에 속한다.

코모디티 기업 정리

코모디티(상품) 기업의 특징

- **가격 경쟁이 심하다**: 소비자는 브랜드보다 가격으로 제품을 선택하는 경향이 강하다
- **수익률이 낮다**: 경쟁이 치열해서 가격을 낮추어야 하므로 수익성이 악화되기 쉽다
- **경기와 공급 및 수요에 영향을 받기 쉽다**: 특히 원자재 가격과 세계적인 수요 공급 균형의 변동에 좌우되기 쉽다

대표적인 코모디티 산업

- **에너지**(석유, 천연가스, 전력)
  예) 에네오스홀딩스(ENEOS: 5020), 이데미츠코산(出光興産: 5019)
- **금속·광업**(철광석, 구리, 금 등)
  예) 스미토모금속광산(住友金属鉱山: 5713), 일본제철(日本製鉄: 5401)
- **농산물**(밀가루, 옥수수, 콩, 설탕 등)
  예) 미쓰이물산(三井物産: 8031), 이토추상사(伊藤忠商事: 8001)
- **화학품**(플라스틱, 비료, 도료 등)
  예) 스미토모화학(4005), 신에츠화학공업(信越化学工業: 4063)
- **제지·목재**(종이, 펄프, 목재)
  예) 오지홀딩스(王子ホールディングス: 3861), 일본제지(日本製紙: 3863)

코모디티 기업의 투자 시점

- 원자재 가격이 급등하면 이익이 오르기 쉽다
- 원유 가격이 올라가면 석유회사의 수익이 늘어난다
- 경기 사이클의 영향을 크게 받는다
- 경기 부진 때는 수요 감소로 실적이 악화되기 쉽다
- 기술혁신보다 생산효율과 비용관리가 경쟁력의 열쇠
- 코모디티 기업은 경기와 원자재 가격의 변동에 영향을 크게 받기 때문에 주가도 시황에 연동되기 쉽다

내가 시클리컬가치주 투자의 장점을 깨달은 것은 2008년 리먼 쇼크 전후였다. 2005년 무렵은 가치주 투자만 해도 엄청나게 돈을 벌던 시기였다. 하지만 2006년부터 가치주는 하염없이 떨어지면서 닛케이 평균주가와 거의 같이 움직였다. 이 시기에는 PBR이 1배에서 0.8배까지 내려서 좋아라 하고 샀더니 0.2배까지 또다시 내려가는 일

도 드물지 않았다. 게다가 이 무렵은 비교적 안전한 투자에만 집중했는데 매매를 거듭하면서 보니 '재무 상태가 엉망이었던 회사가 다시 실적을 회복하는' 놀라운 일도 많았다.

그때야 비로소 주가는 기업의 노력만으로 정해지지 않으며 경기의 영향을 크게 받는다는 사실을 깨달았다. 너희도 아마 가치주 투자를 계속하다 보면 주가의 상승과 하락의 배경에 경기의 파도가 있다는 사실을 깨닫게 될 것이다. 물론 '현재 실적이 나빠서 적자가 나는 회사의 주식'을 사는 일 자체는 꽤 위험하게 느껴져서 많이 망설여질 것이다.

내가 추천하는 시클리컬가치주 투자는 방어보다 공격 일변도의 투자법이다. 따라서 치명적인 손해를 보지 않도록 면밀한 분석이 필요하다. 그 분석을 마친 다음 '이거다!' 싶은 주식에 투자하면 통상의 수익을 월등히 뛰어넘을 수 있는 것이다.

경기는 4년마다 순환한다

일본 내각부의 자료에 따르면 경기는 평균 4년마다 순환한다는 것을 알 수 있다. 경기회복과 후퇴의 경계를 나타내는 경기기준일자[19]는 주요 경제 지표의 중심적인 전환점, 즉 경기가 가장 좋은 정점(산)과 바닥인 저점(골짜기)을 기록한 것이다. 자료를 살펴보면 일본의 경기기준일자는 1951년 6월에 정점 즉 산부터 계측이 시작되었고 2020년 5월 저점인 골짜기에 이를 때까지 '16번의 순환'이 있었다.

경기가 1회 순환하는 기간은 최단 31개월과 최장 90개월로 나왔는데 순환 기간의 평균치를 계산하면 54.8개월이다. 대개 4년마다 한 번씩 경기의 산과 골짜기가 찾아온다는 이야기다.

또 하나 주목해야 할 것이 '확장'과 '후퇴'다. 경기가 확장하는 기간은 대부분 후퇴하는 기간보다 길다. 다시 말해 경기가 오를 때는 완만하게 오르지만 후퇴할 때는 빠른 속도로 떨어진다는 이야기다. 모

일본 내각부 경제사회종합연구소에서는 경기순환의 국면 판단이나 각 순환에서 경제활동의 비교 등을 위해서 주요경제지표의 중심 전환점인 경기기준일자(산과 골짜기)를 설정하고 있다(내각부 홈페이지에서). https://www.esri.cao.go.jp/jp/stat/di/hiduke.html

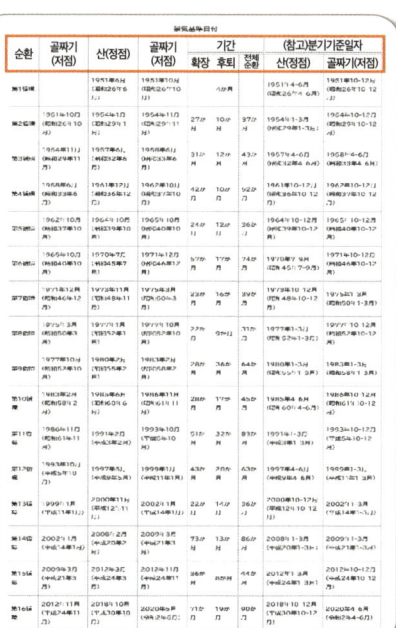

PART 4 적자 회사야말로 보물창고다

든 시클리컬가치주가 이런 경기순환과 딱 맞아떨어지는 것은 아니지만 연동하는 경향이 강하다. 따라서 너희가 그 파도에 정확히 올라탈 수 있다면 성공적인 투자 성과를 얻을 수 있다.[19]

시클리컬가치주 투자에서 내가 대성공을 거둔 종목은 나무라조선소(7014)다. 나무라조선소는 적자에서 흑자로 전환하는 과정이 명확하게 보였다. 조선업계는 오랫동안 배를 만들면 만들수록 손해를 보았다. '선박 가격이 100인데 제조 비용이 105'인 상황이 지속된 것이다. 그런 상황은 아무리 생각해도 납득할 수 없었다.

선박은 필수품이면서 동시에 소모품이다. 반드시 새로 구입해야 하는 시기가 온다. 그러므로 만들수록 돈을 벌지 못하는 왜곡된 가격 설정은 언젠가 시정될 것이라고 확신했다. 아니나다를까 예상대로 선박 가격이 130으로 올랐다. 실적도 비약적으로 개선되어 주가가 급등했다. 선박 가격의 문제는 이전부터《일본경제신문(日本經濟新聞)》에서 다루어 왔다. 즉 조선업계를 잘 알지 못하는 나 같은 개인투자자도 정보를 찾아 적절한 타이밍에 매수할 기회는 있었던 것이다.

---

[19] 한국의 '기준순환일'에 해당하며 국민경제 전체의 순환변동에서 국면전환이 발생하는 경기전환점을 의미한다. 확장국면에서 수축국면으로 전환하는 경기정점과 수축국면에서 확장국면으로 전환하는 경기저점이 있다. 우리나라의 기준순환일은 통계청에서 GDP, 산업생산 등 개별지표와 경기지수의 움직임을 분석한 후 관련 전문가의 의견을 들어 사후적으로 발표한다.

시클리컬가치주의 경기 사이클

시클리컬가치주는 경기 상황에 따라 주가가 크게 변동하기 때문에 어느 국면에 있는지를 파악하는 것이 중요하다. 경기국면을 다음 네 가지로 나누어 각각의 영향을 살펴보자.

① 회복기(불황 → 회복)

- 특징: 저금리정책, 정부의 경기부양책, 기업실적이 서서히 회복
- 시클리컬가치주의 동향:
  - 저평가된 채 방치되었던 종목에 자금이 유입되기 시작한다
  - 철강, 기계, 건설, 소재업계 등이 반등하기 쉽다
  - 금리가 낮기 때문에 부동산과 금융주도 움직이기 시작한다

② 호황기(경기회복 → 천장)

- 특징: 기업이익의 확대, 소비와 투자 활성화, 금리 상승의 징조
- 시클리컬가치주의 동향:
  - 상품 가격의 상승으로 에너지, 자원, 상사주가 강세를 보인다
  - 건설과 인프라 투자가 활발해지고 관련 종목이 상승한다
  - 가치주에서 성장주로 자금이 움직이기 시작하는 국면도 보인다

③ 후퇴기(경기과열 → 감속)

- 특징: 인플레와 금리 상승, 기업 이익의 성장 둔화
- 시클리컬가치주의 동향:
  - 경기민감주(철강·자동차·상사)는 고점을 찍고 매도가 나오기 시작한다
  - 은행주는 금리 상승으로 이익이 증가하지만 경기후퇴 우려가 커지면 어려워진다
  - 경기방어주(의약품·식품·유틸리티)가 상대적으로 강세를 보인다

④ 불황기(경기감속 → 바닥)

- 특징: 경기 악화, 소비와 투자의 부진, 금융 불안의 가능성
- 시클리컬가치주의 동향:

- 제조업·자원·건설 관련주는 실적이 악화된다
- 저평가된 채 소외되기 쉽고 바닥권에 머무른다
- 다음 경기회복을 예측한 역발상 투자의 기회이기도 하다

시클리컬가치주의 투자전략

① 경기 사이클의 파악이 중요
- 경기의 바닥(불황기)에서 사고 호황기에 파는 것이 왕도
- 금리·정책·실적의 추세를 체크

② PER·PBR·배당수익률 체크
- 시클리컬가치주는 PER이 낮아도 '경기 감속으로 이익이 줄어들' 리스크가 있다
- 배당수익률이 높아도 '실적 악화로 배당이 삭감될' 위험이 있다
- PBR 1배가 깨지거나 적자 전환과 배당 중지로 주가가 폭락한 종목이 매력적이다

③ 분산투자로 리스크 관리
- 철강·상사·건설과 같은 경기민감주를 조합해서 투자한다
- 경기방어주와의 균형도 염두에 둔다

정리
- 시클리컬가치주는 경기의 파도에 좌우되기 쉽지만 저평가된 타이밍을 제대로 확인하면 큰 수익을 기대할 수 있다
- 경기 사이클을 파악하고 '경기후퇴기'에 매수하는 것이 효과적이다
- 시클리컬가치주는 '후퇴기' 국면보다 먼저 매각해서 경기 악화에 강한 경기방어주 중심으로 투자해도 된다
- 경기순환을 의식한 투자전략이 시클리컬가치주 투자의 성공을 결정하는 열쇠다

2
시클리컬가치주를 찾는 법

오래된 업계에 주목한다

시클리컬가치주 투자에서 중요한 것은 '업계'의 선정이다. 처음에는 취미나 업무와 관련 있는 익숙한 업계와 회사에 관심을 가지면 좋다. 더불어 시클리컬가치주의 필수 조건, 즉 '오래된 업계'에 주목해야 한다. 어떤 투자자들은 오래된 기업은 도태될 것이라고 한다. 또 앞으로는 첨단기술을 구사한 플랫폼이 필요한 시대이므로 그런 생태계를 형성한 기업만이 살아남을 것이라고 한다. 하지만 내 생각은 다르다. 물론 개별 기업들은 도태될 수 있다. 하지만 근대 이후 오랜 세

월에 걸쳐 사회가 지속적으로 필요로 했던 산업이 통째로 사라지는 일은 없다. 아무래도 지금 잘 나가는 업계와 회사에 눈이 가기 마련이지만 그런 회사들은 대개 성장주가 많다. 앞서 살펴보았듯이 성장주는 원래 기대수익률이 낮은 데다 산전수전 다 겪은 역전의 용사들이 우글거리는 격전지다. 그런 곳에 병아리 투자자인 너희가 들어가 봐야 좋은 먹잇감이 될 뿐이다.

그렇다면 시클리컬가치주를 어떻게 구별할 수 있을까? 우선 회사 한 곳을 골라 과거 10년 동안 실적이 어떻게 변했는지 살펴본다. 해당 기업이 '적자와 흑자를 반복하고 있다'면 같은 업계의 다른 회사도 5곳 정도 골라 마찬가지로 매출 추이를 체크해 보자. <mark>모든 회사가 거의 비슷한 시기에 적자와 흑자가 났다면 시클리컬가치주라는 증거다.</mark>

매출을 확인할 때는 구체적인 숫자보다는 1년씩 추이만 보면 된다. 성장주 투자자는 '분기별' 결산을 중시하지만 경기 사이클이란 것이 원래 몇 달 사이에 바뀌지는 않는다. 그러므로 시클리컬가치주 투자에서는 분기별 결산마다 일희일비할 필요가 없다. 오히려 '분기별 결산을 보고 매매하는 투자자들보다 어떻게 하면 한 수 더 앞서 나갈지'를 고민해야 한다.

주가의 차트를 체크할 때도 데이트레이딩 투자자는 5분마다 주가의 변화를 나타내는 '5분봉(棒)'을 주시한다. 하지만 시클리컬가치주 투자자는 월 단위로 보는 '월봉(月棒)'조차 간격이 짧다고 느낄 수 있다. 시클리컬가치주 투자라면 그 정도의 여유를 지녀야 한다. 기업의 장기적인 성장을 응원한다는 의미에서도 최선의 투자 방법이다.

나는 매출 추이를 확인할 때 '가부탄'을 이용한다. 우선 현재 실적이 적자인지 확인한다. 수익가치주 투자의 대상은 실적이 흑자이면서 주가가 오르고 있는 기업이다. 자산가치주 투자에서는 다소의 적자는 허용할 수 있지만 그해 적자가 났다면 전후로 흑자 전환되는 것이 바람직하다.

반면에 시클리컬가치주 투자에서는 적자가 나도 괜찮다. 오히려 적자인 편이 더 좋다. 실수로라도 상당한 규모의 흑자가 나는 기업은 선택하면 안 된다. 경험상 '2년 연속 적자' 정도가 가장 좋다. 적자가 1년 정도면 투자자들은 쉽게 주식을 팔지 않는다. 하지만 2년 연속 적자가 나면 버티지 못하고 팔아 버리는 경향이 강하다. 그렇게 되면 당연히 주가는 떨어지고 사기 쉬워진다.

눈앞의 숫자가 아니라 그 너머의 숫자를 읽어라

나에게 대박 수익을 안겨 준 고마운 시클리컬가치주, 나무라조선소(7014)의 매출 추이를 보자. 적자에서 흑자로 바뀌기도 했지만 과거 최고 매출은 2016년의 1472억 엔(1조 4720억 원), 영업이익과 경상이익은 2014년에 각각 사상 최고치인 222억 엔(2220억 원)과

236억 엔(2360억 원)이었다. 즉 나무라조선소 주식은 '매출 약 1500억 엔(1조 5000억 원), 영업이익과 경상이익은 200억 엔(2000억 원) 정도까지 올라갈 저력이 있는 회사'라고 볼 수 있다.

그러다가 2017년부터 갑자기 6년 연속 영업이익과 경상이익이 동반 하락하면서 적자로 급변했다. 상황이 가장 심각했던 해는 2018년이다. 매출액은 1348억 엔(1조 3480억 원)인데 영업이익이 마이너스 194억 엔(1940억 원)에 경상이익은 마이너스 202억 엔(2020억 원)까지 떨어졌다. 2013년에는 주당 1500엔(1만 5000원)을 넘은 적도 있던 이 회사 주가는 2020년 주당 150엔(1500원)이 깨져서 '역텐배거'라는 불명예스러운 기록까지 달성했다.

이는 비단 나무라조선소만의 이야기가 아니라 시클리컬가치주가 많은 조선업계 전체에서 볼 수 있는 경향이다. 기업의 노력으로는 어쩔 수 없는 경기순환이 배경에 있기 때문이다. 6년 연속 적자라는 직격탄을 맞고 사라진 조선회사가 적지 않은 와중에 나무라조선소는 정말 잘 버텨 주었다.

그동안 미쓰비시중공업(7011), 미쓰이조선(현 미쓰이, 三井E&S: 7003), 히타치조선(현 카나데비아, カナデビア: 7004) 등의 대규모 조선회사가 너나 할 것 없이 대형선박 사업에서 철수했다. 사세보(佐世保)중공업(2014년 상장 폐지)도 신조선 사업을 멈추고 나무라조선소의 자회사가 되었을 정도다.

참고로 2014년 나무라조선소가 사상 최고 수익을 올렸다고 했을 때 '세계적인 불황을 초래한 2008년 리먼 쇼크의 영향은 안 받았을까?' 하는 의문을 품을지도 모른다. 물론 영향은 있었다. 하지만 리먼 쇼크가 터지기 전에 받아 놓은 주문, 즉 수주잔고가 많았기 때문에 신규 주문이 들어오지 않아도 한동안은 실적이 오른 것이다. 다만 사원들 입장에서는 회사가 '벼랑 끝'을 향해 달린다는 사실을 알고 있었으므로 정말 두려웠을 것이다.

이런 기업의 사정은 조금만 조사해 보면 개인투자자도 충분히 알 수 있지만 결산서만 들여다봐서는 알 수 없다. 과거 최고 매출을 올린 2016년보다 더 이른 시기에 일찌감치 적자를 예상하고 주가가 낮아진 상태였다. 하지만 결산서만 보는 투자자는 '이 정도 규모의 흑자가 나는데 주가가 싸다'며 눈앞의 숫자만 보고 달려든다. 그 결과 '수주잔고'가 모두 소화되고 적자로 돌아서고 주가도 폭락하면 엄청난 손해를 보게 되는 것이다.

왜 미쓰비시중공업이나 미쓰이조선, 히타치조선, 사세보중공업과 같은 내로라하는 대기업들이 철수했는데 나무라조선소는 살아남았을까? 이것만큼은 솔직히 잘 모르겠다. 눈에 보이지 않는 경영자의 근성과 같은 요소도 분명히 작용했을 것이다. 그러므로 '어떻게 될지 모르는 동안에는 사지 않는 것'이 철칙이다.

투자의 첫걸음은 과거 최고 수익을 기준으로 '지금은 비록 적자라도 흑자로 전환되면 이만큼의 수익을 낼 수 있다'는 잠재력을 파악하는 것이다. 하지만 흑자 전환에 대한 명확한 근거가 없다면 투자해서는 안 된다. 흑자 전환의 근거를 뒤늦게 깨달으면 순식간에 다른 투자자들이 눈치를 채고 주가가 올라 버린다. '실적이 좋아지고 나서 사자'고 들면 이미 늦는 것이다. 그러므로 '지금은 적자라서 다들 위험하다고 하지만 살아남을 수 있다'라고 생각되는 기업은 계속해서 눈여겨봐야 한다.

지금 실적이 좋은 회사는 '살 때'가 아니다

시클리컬가치주를 '찾는 법'으로 다시 돌아가자. 지금 호황으로 평가되는 업계는 우선 사면 안 된다. 이미 천장일 가능성이 있기 때문이다. '호황이니까 이 업계는 안 된다'고 판단하는 것이 무난하다. 그 업계를 조사하면서 쌓은 지식을 바탕으로 '인접한 다른 업계'를 체크하면 좋다. 이를테면 '조선업계는 지금 호황이라서 안 된다'고 판단했다면 인접한 '해운·물류업계', '철강·금속업계', '기계·엔진 제조업계' 등을 주목해서 살펴보는 것이다. 시클리컬가치주의 경우, 조사한 업계가 전체적으로 부진할 때야말로 앞으로 좋아질 가능성이 가장 높기 때문에 긍정적으로 생각하자.

실적이 나쁠수록 수익에 대한 기대치가 높고, 실적이 좋을수록 기대치가 낮다. 이런 투자 판단은 일반 상식과는 크게 어긋난다. 물론 지금 호황인 업계가 한층 더 위로 올라갈 가능성은 있다. 하지만 '천장의 가능성이 높은 업계'와 '지금은 나쁘지만 앞으로 확실하게 치고 올라갈 업계'를 비교했을 때 어느 쪽이 수익에 대한 기대치가 높을까? 당연히 후자다. 프로야구에 비유하면 전체 리그에서 꼴찌팀을 응원하는 느낌이다. 게다가 '한때 잘 나갔지만 지금은 일시적으로 주춤한' 기업은 과거의 성공 경험과 노하우를 확실히 가지고 있는 만큼 부활할 가능성이 높다. 그런 의미에서 보면 이러니저러니 해도 대기업은 강하다고 할 수 있다.

물론 되살아나지 못할 것이 확실한 업계도 있다. 예를 들어 '카메라 업계'는 스마트폰이 압도적인 지금, 그럭저럭 유지는 되겠지만 과거의 전성기가 돌아오리라고는 생각하기 어렵다. 한 업계에서 조사한 기업들이 모두 별로였다면 '업계 자체가 사라질 가능성'도 따져보면 좋다. 그럴 가능성이 없다고 생각되면 그때가 절호의 기회다. 업계 전체가 부진할 때는 회사 열 곳 중 세 곳 정도는 도산하거나 저공비행을 계속할 것이다. 남은 일곱 곳은 어떻게든 다시 살아나 그중 한두 곳이 엄청난 성공을 거두게 된다. 결국 '대박이 날 한두 곳의 회사'를 찾아내는 것이 투자의 핵심이다. 쉬운 예로 전력업계를 들 수 있다. 일본의 전력회사는 2016년 전력 민영화가 완성되면서 치열한 업체 간 경쟁과 연료 가격의 급등, 재생에너지의 보급으로 경영이 힘든 처지다. 게다가 전기요금 규제와 요금 인상의 난제까지 겹쳐 첩첩산중인 상황이다. 하지만 전기는 우리가 태어나서 죽을 때까지 하루도 안 쓰는 날이 없다. 사회의 필수산업인 전력업계가 없어진다는 것은 상상도 할 수 없다. 따라서 지금은 전력회사의 경영이 힘들어도 적자가 영원히 계속되지는 않을 것이다. 만약 도쿄전력이 망한다면 어떤 회사가 대신할 수 있겠는가? 반면 전기를 되파는 회사는 얼마든지 대체할 수 있으므로 망할 수도 있다. '어떤 기업이 살아남을지' 손쉽게 판단할 수 있는 능력을 길러야 한다.

시클리컬가치주에서 중시하는 '주가매출액비율(PSR)'이란?

모두가 위험하다고 생각할 때 '이 회사는 반드시 흑자를 낼 수 있다!'라고 근거와 함께 확신하는 것이 무엇보다 중요하다. 내가 상당한 수익을 올린 호주의 금광주도, 아이플(8515)과 나무라조선소(7014)도 다른 투자자들은 '이대로 계속 적자가 나면 도산한다'라며 차가운 시선을 보낼 때, 나는 '아니다, 반드시 흑자로 전환한다!' 하고 판단했다. 주식투자 관련 격언 중에 '남들이 가지 않는 길로 가면 꽃의 산이 있다'는 말이 있다. 수익을 올리려면 다른 투자자와 반대로 행동해야 한다는 뜻이다. 내 투자법이 바로 그 방식이었고 덕분에 50만 엔(500만 원)으로 50억 엔(500억 원)을 벌 수 있었다.

물론 '실적이 나쁘거나 적자 회사라면 바로 사야 한다'는 뜻이 아니다. 당연히 '이 회사는 반드시 흑자로 돌아선다'고 확신할 수 있을 때만 사야 한다. 전력회사라면 전기요금이 오르거나 원자력발전소가 재가동하는 시기이고, 조선회사라면 선박 가격이 올랐을 때가 최적의 매수 타이밍이다.

시클리컬가치주 투자에서는 전통적인 지표인 PER(주가수익비율)이나 PBR은 별로 중요하게 생각하지 않는다. 예를 들어 PER(주가수익비율)은 주가를 주당순이익(EPS, Earnings Per Share)으로 나눈 값인데 주당순이익이 적자이면 '마이너스 값'이 되므로 산출되지 않는다. PBR은 회사가 적자라도 자본이 플러스면 계산할 수 있지만 시클리컬가치주는 '자본'조차 마이너스인 경우가 있다. 그렇게 되면 PBR 역시 계산할 수 없다.

따라서 시클리컬가치주 투자에서는 애초에 PER도 PBR도 확인할 필요가 없는 셈이다. 오히려 중요한 것은 고성장 기업의 밸류에이션 지표를 확인할 수 있는 주가매출액비율, 즉 'PSR(Price to Sales Ratio)'이다. PSR은 미국의 투자 전문가 케네스 피셔(Kenneth Fisher)가 만든 기업평가 지표로 기업의 매출액에 비해 주가가 얼마나 가치가 있는지를 나타낸다. 이익 수준이 낮거나 비록 적자라도 성장률이 높은 기업의 주가 수준을 판단할 때 유용하다. 한마디로 성장주의 저평가 정도를 측정하는 지표라고 할 수 있다.

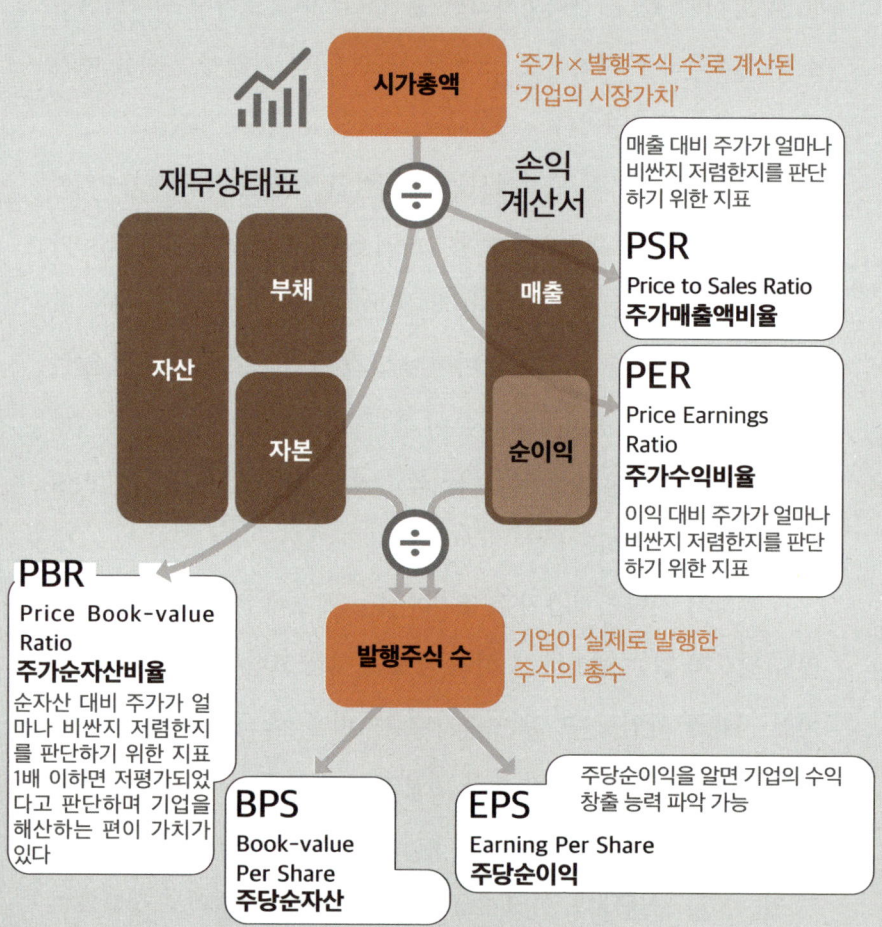

PSR(주가매출액비율)이란?

PSR(Price to Sales Ratio)은 주가가 매출에 비해 고평가되었는지 저평가되었는지를 측정하는 지표이다. 주가가 이익이 아니라 '매출'에 비해 어느 정도 수준인가를 나타내는 것이므로 특히 이익이 나지 않는 기업의 평가에 자주 쓰인다.

PSR의 계산식
- PSR= 시가총액 ÷ 매출액 or PSR= 주가 ÷ (1주당 매출액)

PSR 보는 법
- PSR이 낮다(0.5배 이하) → 매출 대비 주가가 저평가되었다고 생각된다
- PSR이 높다(20배 이상) → 기대가 미리 반영되어 고평가되었을 가능성이 있다
- PSR이 '20배'인 경우, 기업의 시가총액은 연간 매출의 20배 가치가 있다는 의미다

PSR이 유효한 경우
- 적자 기업의 평가: PER은 수익을 기준으로 하므로 사용할 수 없지만 PSR은 매출액을 기준으로 하므로 판단 가능
- 수익이 불안정한 기업의 평가: 매출이 안정되었다면 PSR로 비교하기 쉽다

PSR의 주의점
- 이익률을 고려하지 않는다 → 매출이 높아도 이익이 나지 않으면 의미가 없다
- 업계별로 기준이 다르다 → PSR의 적정치는 업종마다 다르다. 특히 IT 기업은 PSR이 높아지기 쉽다

PSR의 예
- A사의 자료
- 시가총액 : 1조 엔(10조 원)
- 매출액 : 2000억 엔(2조 원)
- PSR = 1조 엔(10조 원) ÷ 2000억 엔(2조 원)

매출액의 5배 가치이므로 PSR 5배는 약간 고평가된 수준으로 판단할 수 있다

정리
- PSR은 '주가가 매출액에 비해 고평가인지 저평가인지'를 판단하는 지표
- 적자 기업이나 성장주 평가에 효과적
- 업계마다 적정 PSR이 다르므로 과거와의 비교가 중요
- '이익이 나지 않는 성장기업'에 투자할 때 PSR을 보고 '매출의 성장에 비해 주가가 너무 높지 않은가'를 체크하는 것이 포인트

'PSR = 시가총액 ÷ 매출액' 혹은 'PSR = 주가 ÷ 주당매출액(SPS)'으로 나타낸다.

예를 들면 시가총액 1000억 엔(1조 원), 매출액 100억 엔(1000억 원)이라면 '시가총액 1000억 엔(1조 원) ÷ 매출액 100억 엔(1000억 원)'으로 PSR은 10배가 된다.

PSR은 일반적으로 0.5배 이하면 저평가, 20배를 넘으면 고평가 되었다고 보지만 그 기준은 업계와 업종에 따라 크게 다르다. 그러므로 PSR에 대해서도 그 회사가 과거 어느 정도의 가격 변동 범위 안에 들어갔는지 추이를 체크하면 좋다. 과거의 변동 폭에 비추어 지금 어느 정도 수준인지를 확인하는 것이다.

3
시클리컬가치주를 찾는 구체적인 방법

정보를 수집하는 순서

시클리컬가치주를 찾는 구체적인 방법을 알아보자. 가장 먼저 '유가증권보고서' 등으로 인건비나 토지 대금과 같은 해당 회사의 '고정비'와 원자재비, 매입원가, 판매수수료와 같은 '변동비'를 체크해서 그 회사의 '비용(이익구조)'을 이해해야 한다. 공표되지 않은 금액 항목은 그 회사의 IR 부서에 문의할 수도 있고 《일본경제신문》에 나오는 경우도 있다. 나는 주목할 만한 기업이 생기면 그 업계의 신문까지 읽어 본다.

또 X와 같은 SNS에서 해당 업계 사람이 공유하는 정보를 체크하는 것도 좋다. 모든 상품과 서비스는 영리기업이 제공하는 이상 당연히 가격이 붙어 있고 누군가는 그 가격을 반드시 알고 있다. 물론 선박의 가격까지 공개하지는 않겠지만 '요즘 바쁘다'거나 '월급이 올랐다' 정도는 공유하기도 한다. 그런 내용은 그 회사나 업계의 미래가 밝다는 증거도 된다. 반대로 앞날이 어두운 회사나 업계의 사정도 아마 누군가 열심히 게시할 것이다.

2023년 나는 나무라조선소(7014)의 견학 행사에도 참가해 보았다. 사가현(佐賀縣) 이마리시(伊万里市)에 있는 나무라조선소 이마리사업소에서 개최한 이벤트에서는 완성이 얼마 남지 않은 대형 화물선과 조선소 안의 공장 설비를 일반에게 공개해 선박 제조의 현장을 눈앞에서 체험할 수 있었다.

견학 행사에 참가했을 때 이 회사 직원 모두가 '우리 회사는 앞으로 반드시 좋아진다!'라는 확신이 가득한 것처럼 느껴졌다. 내 나름대로 오랜 투자 경력이 있지만 지금까지 그토록 희망에 가득 찬 직원들의 모습을 직접 보는 것은 처음이었다. 이와 같이 '서류상의 숫자로는 절대 알 수 없는 일'을 얼마나 파악할 수 있는지도 중요한 투자의 포인트다.

'설비가 새로워졌다', '새롭게 공장을 지었다'는 것도 꽤 중요한 정보다. 설비에 투자한다는 이야기는 기존의 생산력으로는 따라잡을 수 없을 정도로 수주량이 늘었거나 새로운 제품을 개발하려는 것이기 때문이다. 이런 정보는 인터넷 뉴스에서도 비교적 쉽게 찾을 수 있다.

예를 들어 게임업계라면 인터넷에 매출 순위가 발표되고, 소셜 앱게임은 다운로드 횟수를 확인할 수 있다. 거기서 '단가 × 매출 수'로 대강의 매출(이익)을 계산해 보고 실제로 게임도 해 보면서 왜 인기가 있는지 이유를 판단해 보는 것도 좋다.

모바일 게임으로 유명한 상장기업으로는 사이버에이전트(CyberAgent: 4751)를 꼽을 수 있다. 자회사인 사이게임즈(Cygames)는 '우마무스메 프리티 더비(Uma Musume Pretty Derby)'와 '그랑블루 판타지(Granblue Fantasy)'와 같은 인기 모바일 게임을 개발했다. MIXI(2121)는 '몬스터 스트라이크(monster strike)', 경호온라인엔터테인먼트(GungHo Online Entertainment: 3765)[20]는 '퍼즐앤드래곤(PUZZLE & DRAGONS)을 히트시켰다. 이들 모바일 게임 회사에 주목해서 실제로 게임을 사서 해 봤더니 나도 모르게 너무 빠져들어 과금까지 했는데, 정작 사야 할 주식은 잊어버리고 못 산 경우도 있었다. 무슨 일이든 너무 빠지면 안 되는 법이다.

---

20   온라인 및 모바일 게임을 개발하고 유통하는 일본의 게임 개발사. 1998년에 소프트뱅크의 창립자인 손정의의 동생 손태장(손 타이조)이 미국의 경매 사이트 온세일(OnSale)과 합작하여 소프트뱅크 내에서 사내 벤처로 설립한 회사이다.

결산 숫자로 나타나기 전에 '살 때'를 아는 방법

유가증권보고서에서 '비용(이익구조)'을 체크한 다음 조선주의 경우는 다음과 같은 계산을 해 본다.

- 선박 한 척당 원가와 판매가격을 계산해서 이익이 어느 정도인지 가늠해 본다.
- 앞으로 단가가 10% 오르고 판매량도 10% 오르면 이익이 어느 정도 늘어날지 계산한다.
- 만일 지금 과거 최고치까지 수익이 오른다면 주가가 어떻게 될지 예측한다.

물론 반드시 과거 최고 수준까지 수익을 올릴 것이라고 단언할 수는 없다. 하지만 내 경험상 실적도 주가도 한번 도달한 곳까지 돌아가기는 어렵지 않다.

예를 들어 매출이 100억 엔(1000억 원)에 원가가 90억 엔(900억 원), 판매관리비는 10억 엔(100억 원)인 회사가 있다고 하자. 이 회사의 영업이익은 0엔이다.

영업이익의 계산식

영업이익 = 매출 - 원가 - 판매관리비

내역
- 매출액: 상품과 서비스를 판매해서 얻은 수익
- 원가: 상품 구입이나 제조에 든 비용
- 판매관리비: 광고 선전비, 인건비, 임대료, 수도 광열비 등 영업활동에 필요한 비용

이 회사의 실적 추이를 보고 매출이 부진할 때는 수량과 가격 모두 10% 마이너스, 호황일 때는 수량과 가격 모두 10% 플러스가 된다고 가정하자.

그러면 다음 표와 같이 '이 회사는 불황일 때는 영업이익이 마이너스 10억 엔(100억 원), 경기가 좋을 때는 영업이익이 플러스 12억 엔(120억 원)'이라는 계산이 나온다.

기업의 수익 패턴을 전체적으로 파악하자

	불황	보통	호황
매출	81	100	121
원가	81	90	99
판매관리비	10	10	10
영업이익	-10	0	12

단위 : 억 엔

거기서 PER(주가수익비율)을 거꾸로 계산한다. 'PER = 주가 ÷ 주당순이익(EPS)'이고 'EPS = 순이익 ÷ 발행 주식 수'로 계산할 수 있다. 수익 패턴의 추이를 계산하면 대강의 PER도 계산할 수 있다. '과거의 추이를 봐도 PER이 이 정도까지 올라가면 주가는 이 정도 가격이 되었다. 그렇다면 지금은 저평가된 셈'이라고 판단되면 '매수 의견'이 된다. 여기서 중요한 것은 결산의 숫자로 나타나기 전에 먼저 상품과 서비스의 '가격'과 '수량'을 파악해 두는 것이다. 그렇게 하면 살 때도 팔 때도 남보다 한발 앞을 내다볼 수 있다.

'시클리컬가치주 투자'는 어렵지 않다

자산가치주와 수익가치주에 비해 시클리컬가치주가 조금 더 이해하기 어려울 것이다. 하지만 이것만큼은 직접 해 보지 않으면 배울 수 없다. 투자를 시작하면 여러 가지 정보가 귀에 들어온다. 그러나 자신이 직접 조사한 종목 이외에는 절대 손대면 안 된다. 이것이 투자에서 가장 중요한 포인트이며 자칫 실수하기 쉬운 부분이기도 하다.

남들이 추천하는 종목을 제대로 조사도 하지 않고 휩쓸려 사거나 제대로 이해하지도 못한 종목을 조금씩 사들이는 건 소용이 없다. 직접 제대로 조사해서 '이건 절대 오른다!'고 확신이 드는 종목에 집중투자 하는 편이 성공할 수 있다.

자산가치주 투자에서 중요시했던 재무상태표는 시클리컬가치주 투자에서는 크게 중요하지 않다. 재무상태표는 어디까지나 '현재 상태'만 알려 주기 때문이다. 시클리컬가치주는 사람으로 따지면 혈압이 너무 낮아 신체가 불안정할 때가 매수 타이밍이다. 현재 상황을 나타내는 재무상태표를 보면 '심각하다'는 생각밖에 들지 않을 것이다. 시클리컬가치주 투자는 기본적으로 적자에서 흑자로 전환할 것이라는 '근미래'를 사는 투자법이다. 따라서 현재 재무상태표만 보면 무서워서 도저히 살 수 없다.

왜 한국의 조선회사에 투자했을까?

이 책을 쓰는 시점에 나는 'HD한국조선해양(009540)'이라는 한국의 주식 종목에 집중투자 했다. 왜 한국 주식인지, 어떻게 찾아냈는지 궁금할 것이다. 사실 HD한국조선해양이라는 회사는 일본의 조선업계를 공부하다 보면 저절로 알 수밖에 없는 종목이다.

원래 조선업계는 예전부터 아시아의 기업들이 강세를 보이던 분야다. 2023년 준공 수량 순위를 보면 '1위 중국, 2위 한국, 3위 일본'이었고 이 세 나라가 세계 시장의 90%를 차지하고 있다. 그중에서도 HD한국조선해양은 같은 해 매출 1위를 차지하기도 했다. 나무라조선소(7014) 주식을 산 내가 HD한국조선해양으로 이동한 것은 당연한 흐름이었다. 만화로 이야기하자면 HD한국조선해양은 '적의 보스'와 같은 풍격을 가지고 있다.

일본의 조선업계는 2024년에 주가의 정점을 맞이했다. 2020년에 한 주 150엔(1500원)대였던 나무라조선소의 주가는 불과 4년 후에 무려 16배인 2400엔(2만 4000원)대까지 폭등했다. 한편 한국의 조선업계는 대체적으로 일본보다 약 1년 정도 늦게 경기가 순환한다. 당연히 나무라조선소의 다음은 '반드시 HD한국조선해양'이라고 확신했다. 따라서 상당한 자산을 한 종목에 집중투자 하는 데 아무런 망설임도 없었다. 내가 HD한국조선해양에 돈을 너무 많이 넣었는지, 증권계좌를 열어 준 SBI증권사의 직원이 무슨 꿍꿍이가 있는 건 아닌지 의심할 정도였다.

계산상으로 선박 수주의 피크 시점은 2029년에 찾아오지만 증산 체제가 확실해지면 주가가 고점을 찍는 경우가 많다. 그러므로 HD한국조선해양의 주가의 정점은 분명히 2029년 이전에 미리 찾아올 것이라고 예측했다.

4
시클리컬가치주를 팔 때

팔 때라는 신호

시클리컬가치주도 기본은 '시나리오가 빗나갔을 때', '더 좋은 종목을 찾았을 때', '단기간에 너무 많이 올랐을 때'가 팔 때다. 나무라조선소(7014)도 원래는 더 천천히 오를 것이라고 예상했었다. 선박은 매일 바다에 잠겨 있어서 아무리 튼튼하게 만들어도 부식 등으로 인해 성능이 떨어지는 열화현상이 일어난다. 따라서 최대 25년 이상은 사용할 수 없고 일정한 주기로 '다시 사야 할 때'가 돌아온다.

그런 주기가 있기 때문에 '불과 1년 만에 버블이 꺼질 리는 없다'

고 생각했다. 매출이 좀 더 늘어날 여지는 있었지만 너무 단기간에 급등해 적당한 선에서 팔아 버렸다. 더 큰 이유는 당시 나무라조선소보다 더 저평가되고 앞으로 선박 비용 상승의 수혜를 입을 수 있는 HD한국조선해양(009540)을 발견했기 때문이었다.

앞에서 단기간에 주가가 올랐을 때 매도의 근거는 '매출'에 있다고 했다. 매출 증가와 함께 주가가 급등하면 기본적으로는 팔 때인 것이다. 다만 좀 더 깊이 파고들자면 나무라조선소의 경우 결산 때마다 매출이 급증했기 때문에 주가가 상승했다고 기계적으로 '팔기'만 실행했다면 큰돈은 벌지 못했을 것이다. 따라서 경우에 따라 적절한 상황 판단이 필요하다.

거래량이 늘었음에도 나무라조선소 주식을 팔지 않았던 이유는 무엇이었을까? 이유는 매출액과 이익의 과거 최고치를 감안했을 때 저평가되었고 아직 상승 여력이 남았다고 판단했기 때문이다. 구체적으로는 '장래 매출과 이익을 예측하고 당시 시가총액을 계산해서 주가가 2배로 뛰어도 저평가된 상태'라고 판단했다. 만일 투자한 종목의 '매출이 급증해서 주가가 오르고 시가총액이 300억 엔(3000억 원)에서 600억 엔(6000억 원)으로 2배로 뛰었지만 장차 1500억 엔(1조 5000억 원) 아니 2000억 엔(2조 원)까지는 성장할 것'이라고 생각된다면 당연히 그 타이밍에 팔아서는 안 된다. 원칙은 원칙으로 지키되 '지금이 원칙을 적용해야 되는 시기'인지는 항상 고민해야 한다.

'시나리오'를 세우고 투자 연습

앞서 이야기한 전력회사를 예로 들어 어떤 시나리오를 세울 수 있는지 살펴보자.

전력회사가 원자력발전소의 운행이 중지되고 석유와 석탄 가격이 급등해서 큰 적자를 보았다. 주가는 폭락했고 배당도 중지되었다. 하지만 석유와 석탄 가격이 하락하기 시작하자 원자력발전소의 재가동이 결정되었다. 실적이 회복되자 배당이 부활했고 주가는 단숨에 급등했다.

이 회사의 경우 원자력발전소의 재가동이 결정되기 직전에 주식을 살 수 있다면 이상적이다. 이상적인 매도 시기는 '부활한 배당의 권리 확정일 직전'이 된다.

전력회사는 원래 '고배당 주식'으로 알려져 있다. 따라서 배당이 부활하면 전력주를 선호해서 보유하던 투자자들이 다시 돌아올 것이 예상된다. 또 고배당 주식의 경우, 배당이 결정되면 일단 주가가 급등하고 이후 조금씩 내려가다가 다시 슬금슬금 올라 고점을 갱신하는 경우가 많다. 고배당 주식은 주로 고령자들이 많이 매수하기 때문이다. 고령 투자자는 대부분 더 이상 일을 하지 않는 은퇴 세대이므로 배당금이 정기적으로 들어오는 고배당 주식을 좋아하는 사람이 많다.

주식투자를 하는 고령자 중에 직접 IR 정보를 실시간으로 파악하고 매수하는 사람은 많지 않을 것이다. 잘 아는 증권회사 담당자가 '이 주식은 배당이 부활했으니까 추천 드린다'며 영업을 하면 '그럼 사 볼까'하는 식으로 매수하는 식이다. 따라서 주가는 서서히 오르는 편이므로 서둘러 살 필요가 없다. 다만 배당 권리가 확정되기 전에는 팔아 버리는 게 좋다. '배당락일(Ex-Dividend Date)'이 되면 배당금 이상으로 주가가 하락하는 경우가 있기 때문이다.

'배당락일'은 '배당받을 권리가 사라지는 날'을 의미한다. 즉 이 날은 주식을 사도 배당금이나 주주우대를 받지 못하므로 최소한 배당락일 하루 전까지는 주식을 보유하고 있어야 한다. 또 '배당기준일(Record Date)'은 기업이 정한 결산기 말일이나 주주명부를 확정하는 날이다. 이날 주주명부에 이름이 올라가 있어야 권리를 행사할 수 있는데 일본에서는 보통 '3월 31일'이 배당기준일인 경우가 많다. 또 배당기준일에 주주명부에 기재되려면 배당기준일의 2영업일 전인 '권리부 최종일'까지 주식을 보유하고 있어야 한다. 그 다음 날이 '배당락일'이 된다. 정리해 보면 다음과 같다.

- 배당락일
- 배당기준일
- 권리부 최종일

3월 말 결산인 회사의 주식이라면 2월부터 팔 시기를 눈여겨보다가 권리부 최종일 전인 3월 중순까지는 모두 팔아 두자.

'수량 증가'와 '적자 상태의 신규 설비투자'가 포인트

'고배당주 투자'라고 하면 세간에서는 '이율이 높은 주식을 사는 것'으로 생각한다. 하지만 내가 생각하는 진짜 고배당주 투자는 '지금은 배당이 없지만 장래 배당수익률이 오를 주식을 사는 것'이다.

배당금은 기업의 실적이 최고일 때 가장 높다. 실적이 나빠지면 배당금도 줄고 주가도 떨어질 가능성이 많다. 따라서 경기후퇴기에는 고배당주에 투자하면 큰 손해를 볼 수 있다. 고배당의 매력보다 더 중요한 이유로 주식을 파는 사람이 많아지면 결과적으로 주가는 하락하고 배당수익률만 높아지기 때문이다. 흔히 고배당의 함정이라는 것이다. 하지만 무배당에서 고배당으로 바뀌는 주식이라면 주가도 오르고 배당도 늘어나므로 그 편이 절대적으로 이익이다. 나는 기본적으로 '배당은 필요 없다'고 생각한다. 이익을 모두 회사에 투자하는 편이 회사가 더 빨리 성장할 수 있기 때문이다.

가치주 투자에서는 역사가 있는 노포 기업이 많고, 투자하려는 기업이 배당하는 경우가 적지 않다. 그 경우 배당 성향, 즉 기업이 벌어들인 이익 중 얼마나 주주에게 배당으로 환원하는지를 나타내는 비율은 최대 30% 정도까지가 적당하다. 그 이상은 주주환원이 지나치다고 할 수 있다. '지금은 배당이 없지만 과거 배당을 했던 주식'을 찾으려면 스크리닝에서 적자 종목을 선택해서 그 기업의 과거 10년분의 배당 추이를 체크하면 된다.

지금까지 시나리오에 따른 '이상적인 매도 타이밍'을 소개했다. 하지만 시나리오가 빗나갔을 때, 이를테면 '일단 결정된 원자력발전소 재가동이 중지되었을 때'는 즉시 퇴각, 즉 파는 것이 기본이다. 시클리컬가치주의 매도 시기는 역산한 PER(주가수익비율)을 기준으로 미리 정해 두는 편이 좋다. 나무라조선소의 경우, 나는 선박 가격이 고점을 찍고 움직이지 않을 때, 이익이 얼마나 발생할지를 먼저 계산했다. 거기서 PER 5배로 주가를 역산해서 목표 주가를 정하고 그 주가를 넘어서면 매도를 검토하기로 정해 놓았다.

수익가치주와 마찬가지로 시클리컬가치주도 결산 숫자만 좇다 보면 살 때도 팔 때도 놓치고 만다. 그 전에 여러 징후를 어떻게 알아차리는가가 수익을 올릴 수 있는 포인트다. 데이트레이딩처럼 시간 축이 짧은 투자를 하는 사람은 분기별 결산에 우왕좌왕하기 때문에 결산이 좋으면 한꺼번에 주가가 오르는 경향이 있다. 하지만 투자의 시간 축이 너무 짧아서 어떤 이유든 결산 숫자가 나빠지면 주식을 내던지듯 팔아버린다. 이것이 주가가 오르락내리락하는 이유다. 그런 투자자들의 움직임까지 읽어 가며 장기간을 축으로 투자하기 바란다. 이것이 내가 실천해 온 시클리컬가치주 투자법이다.

상품과 서비스의 가격이 오르지 않아 적자가 난 회사에 주목했다가 가격이 상승해서 흑자로 전환될 징조가 보이면 그때 주식을 사들인다. 그 후 가격상승이 끝날 때쯤 주식을 팔면 된다. 상품과 서비스 가격의 상승 징조는 첫째가 '수량의 증가', 둘째가 '적자임에도 신규 설비투자'다. 이 두 가지의 징조를 놓치지 않는 것이 중요하다. 재무제표도 나오고 조금 어려운 내용이었지만 투자를 하려면 필수적으로 알아야 하는 내용이다. 익숙해지는 수밖에 없다. 학교 공부도 마찬가지다. 처음에는 힘들어도 습관이 되면 의외로 금방 익숙해진다. 그것이 인간의 대단함이다. 너희라면 충분히 할 수 있다!

PART 5

주식이 보내는 신호를 놓치지 않는다

↗

'기업 분석 리포트' 쓰는 법

투자 종목을 이해하기 위한 기업 분석 리포트

나는 이렇게 기업 분석 리포트를 썼다

지금부터는 더욱 정밀하게 투자하는 방법을 알아보자. 바로 '기업 분석 리포트' 작성이다. 이 리포트를 통해 자신이 투자하는 종목을 훨씬 정확하게 이해할 수 있다. 리포트의 대상은 '자산가치주', '수익가치주', '시클리컬가치주' 모두 상관없다. 우선 참고용으로 내가 2008년에 작성한 아크랜드서비스의 기업 분석 리포트를 살펴보자.

이 회사는 2016년에 사명을 '아크랜드서비스홀딩스'로 변경했고 모회사인 아크랜즈 주식회사와 주식교환을 통해 2023년 9월 1일에 완전 자회사가 되었다. 그 결과 2023년 8월 30일 자로 상장 폐지 되었으므로 기업 분석 리포트 작성할 때 참고 교재로 활용하기 바란다. 생생한 기업 분석 리포트를 보여 주기 위해 당시 내용을 그대로 옮겨 적었다.

연혁 및 사업내용

아크랜드서비스(자스닥: 3085)

1993년 3월	아크랜드사카모토의 완전 자회사로서 아크랜드서비스 주식회사를 설립. 니가타현(新潟県) 산조시(三条市) 오아자(大字) 가미스고로(上須頃) 445번지에 본사 설립
1994년 6월	주식회사 산마르크(Saint Marc)와 '베이커리 레스토랑 산마르크'의 가맹점 계약 체결 (2003년 12월 계약 해지)
1995년 8월	도쿄도 스기나미구(杉並区)에 '산마르크 스기나미 쇼안점(松庵店)' 오픈
1998년 8월	가나가와현 사가미하라시(相模原市)에 돈카츠 전문점 '가츠야' 제1호점으로 '가츠야 사가미오노점(相模大野)' 오픈
1999년 7월	'가츠야' 프랜차이즈 사업 전개 시작
1999년 11월	도쿄도 신주쿠구에 도쿄 영업소를 설치
2001년 9월	지바현(千葉県) 가시와시(柏市)에 야키니쿠 전문점 '아카다이몬 가시와점(赤大門 柏店)' 오픈
2002년 2월	도쿄 영업소를 도쿄도 신주쿠구에서 도쿄도 지요다구(千代田区) 간다사쿠마초(神田佐久間町) 1초메 8번지 4로 이전
2002년 3월	니가타현 니가타시(新潟市)에 가정식 식당 '오사카나야 니가타역 남점(御肴や新潟駅南店)' 오픈
2003년 9월	자회사 비이에스푸즈(B.S.FOODS) 주식회사를 '가츠야' 이외의 업태 확대를 목적으로 설립
2004년 4월	본사 기능을 도쿄 영업소로 이전
2004년 8월	비이에스푸즈 주식회사를 간이합병방식으로 흡수합병
2005년 5월	'벤처·링크'와 가맹계약을 해지하고 자체적으로 FC 본부 설립
2005년 7월	슈퍼센터 무사시 니가타점 안에 푸드코트를 마련하고, 직영점 '이와후네 어항(岩舟漁港)', '우오누마 목장(魚沼牧場)', '컨트리 보이'를 오픈해 푸드코트 운영 개시
2005년 10월	홈센터 무사시 교토 야와타점(八幡店) 내에 이탈리안 카페 '첸토페르첸토(CENTO PERCENTO) 교토 야와타점' 오픈
2006년 10월	도쿄도 세타가야구에 샤부샤부 전문점 '나베구미 시모키타자와점(鍋組下北沢店)' 오픈
2006년 12월	본점 소재지를 도쿄도 지요다구 간다사쿠마초 1초메 8번지 4로 변경
2007년 3월	도쿄도 히노시(日野市)에 덴푸라 전문점 '덴푸테이 히노다이점(てんぷ亭日野台店)' 오픈
2007년 8월	자스닥 증권거래소에 주식 상장

예	점포 형태
가츠돈(돈까스 덮밥) 	외관 
믹스후라이 	점포 내부 

　아크랜드서비스의 사업내용은 돈가스 전문점 '가츠야'를 주력으로 하는 외식 프랜차이즈 기업이다. 2008년 4월 시점에 직영점 53점포, FC점 73점포, 기타 11점포를 운영했다. 돈가스 프랜차이즈의 경쟁업체로는 '하마(濱)가스(105점포)', '가마쿠라 고에쓰(20점포)', 'KYK(19점포)' 등 많지만 패스트푸드 감각으로 비교적 제대로 된 맛을 내는 가게는 '가츠야'가 독보적이며 점포 수도 일본 최대 규모다. 소고기덮밥으로 유명한 '요시노야(吉野屋)'의 돈가스 버전이다.

　그밖에 이탈리안 카페인 '첸토페르첸토', 샤부샤부 전문점 '나베구미', 덴푸라 전문점 '덴푸테이', 야키니쿠 전문점 '아카다이몬', 생선요리를 중심으로 한 가정식 식당 '오사카나야', 푸드코트 운영 및 푸드코트 내 음식점 등이 있다.

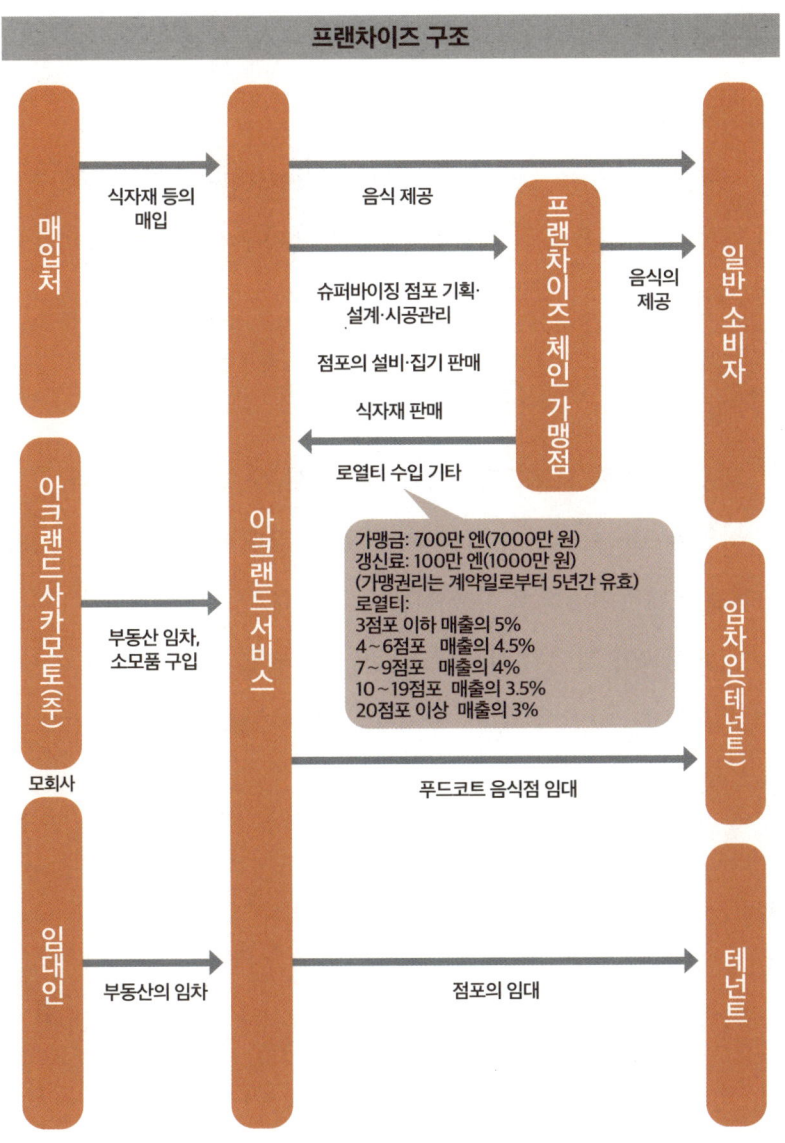

경영 노력

원가 절감

규모의 이점을 살려 주로 돼지고기를 캐나다와 미국에서 수입하는 등 구입 비용을 절감해서 식용유와 빵가루의 높은 재료 비용을 흡수한다.

인건비 절감

공동개발한 오토프라이어를 사용해서 아르바이트생이라도 쉽게 장인과 비슷한 속도로 조리할 수 있다. 양배추 등 식자재도 이미 손질된 상태의 제품으로 사용한다.

'요시노야' 방식의 점포 구조로 종업원 수를 줄일 수 있다.

출점 전략

현재 지역별 점포 수는 합계 130점포이다.

홋카이도: 8	도호쿠: 1	호쿠리쿠: 10
간토: 80	주부: 18	긴키: 8
주고쿠: 1	시코쿠: 4	규슈: 0

위의 표를 보면 알 수 있듯 직영점은 도쿄와 가나가와 지역에 집중되어 있다.

아직 전국적으로 점포가 확대되지는 않았고 특히 오사카와 교토가 있는 서일본 지역으로 출점할 여지가 많이 남아 있다.

보수적으로 계산해도 현재보다 4, 5배는 더 출점할 수 있다. 참고로 요시노야가 현재 1036개의 점포를 운영 중이다.

현재는 직영점과 FC의 비율이 53 : 73이지만 장래에는 1 : 2 비율을 목표로 하고 있다. 중장기적인 비전으로는 200개 점포를 출점할 예정이다.

실적 추이

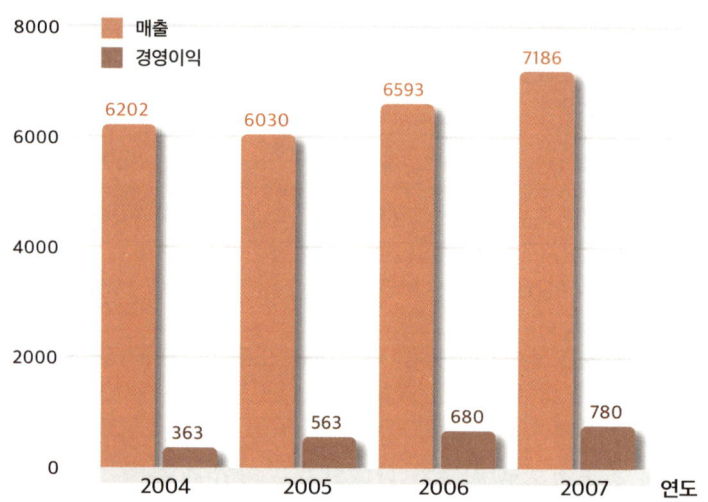

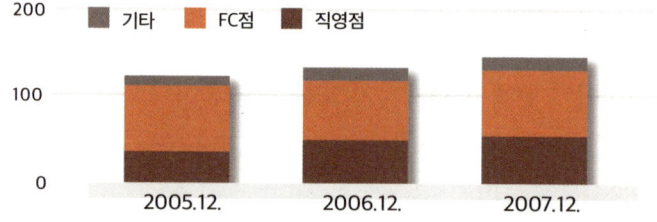

　프랜차이즈 전개가 목표치만큼 성장하지 못하는 인상이지만 직영점은 순조롭다. 2005년 5월에 벤처·링크와 계약을 해지한 것이 원인으로 보인다.

기존 점포 매출 월별 추이

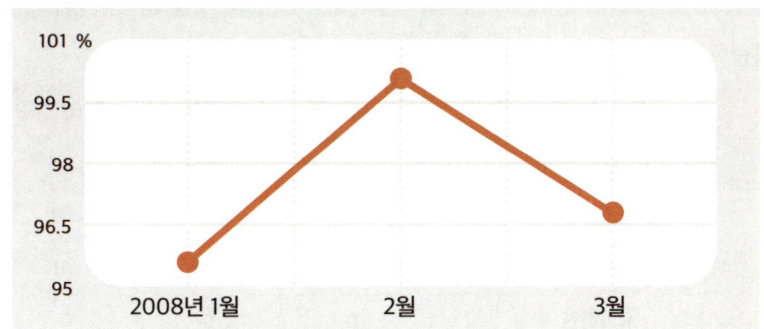

기존 점포의 매출은 나름대로 선방하고 있지만 좋다고는 할 수 없다. 다만 실제 점포를 방문해 보면 늘 번창하고 있다는 것을 알 수 있다. 저녁 9시 시점에 소고기덮밥 체인점인 스키야(すき家)는 손님이 3명, 가츠야는 7명이었다.

부문별 매출

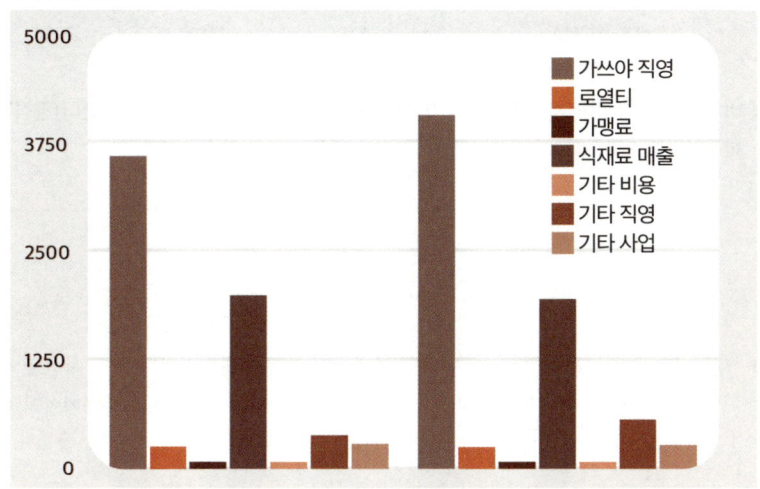

요약 재무제표

자산

단위(백만 엔)	2005. 12.	2006. 12.	2007. 12.
【유동자산 합계】	869	1064	1321
현금 및 현금성 자산	394	561	799
매출채권(받을어음 및 외상매출금)	267	277	251
유가증권	0	0	0
재고자산	86	87	89
기타 유동자산	120	136	178
【비유동자산 합계】	2245	2463	2438
유형자산	951	1099	1103
무형자산	20	13	12
투자 등	1274	1349	1322
【자산합계】	3114	3527	3759

※ 비유동자산에 관해서는 1998년 이후 취득한 것을 '정액법'으로 상각했다(공격적 회계처리[21]는 마이너스 포인트).

[21] '공격적 회계처리'는 비용과 부채를 실제보다 적게 기록하거나 수익과 자산을 실제보다 부풀리는 등 재무제표에 보고되는 금액을 의도적으로 조정해서 기업의 재무 상태를 좋게 보이도록 하는 것을 말한다.

부채·자본

단위(백만 엔)	2005. 12.	2006. 12.	2007. 12.
【유동부채 합계】	1539	1617	907
매입채무(지급어음 및 외상매입금)	397	488	316
단기차입금	800	600	0
기타 유동부채	342	529	591
【비유동부채 합계】	334	331	317
장기차입금	0	0	0
기타 비유동부채	334	331	317
【부채 합계】	1874	1948	1225
【자본】	1240	1576	2534
【부채·자본 합계】	3114	3527	3759

손익계산서

단위(백만 엔)	2005. 12.	2006. 12.	2007. 12.	2008. 12. 예상
매출액	6030	6593	7186	7800
매출원가비율	49.2%	47.0%	44.1%	-
판매관리비율	41.8%	43.0%	44.9%	-
영업이익(영업이익률)	540(9.0%)	658(10.0%)	789(11.0%)	773(9.9%)
경상이익	563	680	780	800
당기순이익	118	283	399	415

※ 판매관리비의 증가를 총이익률 상승으로 억제해서 영업이익률을 올리고 있다. 다음 분기 예상은 조금 보수적이며 지난 분기도 마찬가지 경향이었다.

현금흐름표

	2005. 12.	2006. 12.	2007. 12.
영업활동 현금흐름	465	835	739
투자활동 현금흐름 (그중 설비투자)	-374 -347	-540 -540	-446 -446
재무활동 현금흐름	-73	-128	-54

잉여현금흐름을 중시한 출점 정책을 엿볼 수 있다. 2007년에 상장해서 얻은 현금은 그대로 차입금의 변제에 쓰였다. 공격적 회계를 하는 것치고는 이익의 질을 판별하는 지표인 발생액(Accruals)은 마이너스여서 신경 쓸 정도는 아니다.

재무지표

건전성

구분	2005. 12.	2006. 12.	2007. 12.
자기자본비율	39.8%	44.7%	67.4%
유동비율	56.4%	65.8%	145%
당좌비율	48.6%	57.3%	126%
재고자산 보유일수	10.5일	10.2일	10.2일
매출채권 회수일수	16.1일	15.3일	12.7일
매입채무 지급일수	48.8일	57.4일	36.4일
현금전환일수	-22.2일	-31.9일	-13.5일

순현금 = 799(백만 엔)

수익성

단위(%, 회전율)	2005. 3.	2006. 3.	2007. 3.
【핵심 지표】			
ROIC (자금조달 방식)	15.8%	18.1%	18.6%
(영업자산 방식)	17.9%	19.5%	23.2%
순이익률(넷마진)	5.30%	5.90%	6.50%
자기자본 회전율	4.86	4.18	2.83

성장성

	2005. 12.	2006. 12.	2007. 12.
매출성장	-2.8%	9.3%	9.0%
영업이익성장	55%	21.9%	19.9%

　벤처·링크와 계약을 해지한 뒤 매출감소에 대처하면서도 이익률은 오히려 향상되었고 규모의 이점을 잘 활용해서 지속적으로 수익이 성장하고 있다. 앞으로 인건비와 원재료비 상승을 어떻게 해결할지가 관건이다.

주가지표

지표	값
추정 PER(주가수익비율)	3.9
PCFR(주가현금흐름비율)	2.5
PSR(주가매출액비율)	0.25
PBR(주가순자산비율)	0.73
예상 수익률	5.4
PER × PBR	2.84
EV/EBITDA	1.11
ROIC(투하자본이익률)	18~24%
F_SCORE	ΔROA(+)(자산수익률 변화)
F_SCORE	CFO(+)(영업활동 현금흐름)
F_SCORE	Δ마진(+)(이익률 변화)
발생액/총자산	-0.01
시가총액	18.4억 엔(184억 원)

주가 = 7만 5000엔(75만 원)으로 계산

주주 동향·자본 정책

대주주	보유 주식 수	보유 비율(%)
아크랜드사카모토 주식회사 (アークランドサカモト株式会社)	16200	65.91
벤처·링크 주식회사(株式会社ベンチャー·リンク)	1050	4.27
우스이 겐이치로(臼井健一郎)	620	2.52
일본증권금융 주식회사(日本証券金融株式会社)	367	1.49
다마키 요시하루(玉木芳春)	180	0.73
일본트러스티서비스 신탁은행 주식회사(신탁계정)	175	0.71
이와사키 야스지(岩崎泰次)	144	0.59
이토 히사시(伊藤永)	140	0.57
마넥스증권 주식회사 자기매매	92	0.37
니시자와 아쓰오(西澤厚男)	82	0.33

외국 0.2%, 유통주식 19.8%, 투자신탁 0.4%, 고정주 78.0%

배당 성향

배당 성향은 현재 11%, 앞으로 15%를 목표로 한다.

자사주 매입

2008년 2월 25일 7만 5000엔(75만 원)에 1050주의 자사주를 매입했다(전체의 4.27%).

※ 사장 우스이 겐이치로(臼井健一郎)는 35세, 회장의 사위. FC 총괄부장은 벤처·링크 출신의 33세.

기업 가치

청산가치 = 조정자산 − 총부채 = 10억 4400만 엔(104억 4000만 원)

조정자산 산출의 근거

현금 및 현금성 자산 100%, 매출채권(받을어음 및 외상매출금) 85%, 유가증권 100%, 재고자산 50%, 기타 유동자산 0%, 유형자산 50%, 무형자산 0%, 투자 등 50%.

DCF(현금흐름할인법)[22]

초보수적 시나리오

DCF ≒ 순현금 + FCF/R(잉여현금흐름/할인율)

= 799 + 294 / 0.1 = 39억 3900만 엔(393억 9000만 원)

R(할인율) = 10%······ 최대한 보수적으로 설정해서 이익성장 없음으로 생각한다.

---

[22] Discounted Cash Flow의 약자. 회사의 미래 수익을 예측하여, 그 돈의 가치가 시간이 지남에 따라 변한다는 점을 고려해 현재 시점의 가치를 계산하는 방법. 즉 미래에 이 회사가 벌어들일 돈을 지금 받는다면 얼마의 가치가 있을지를 따져 보는 것. 미래의 불확실성을 반영해 돈의 가치를 '할인'하기 때문에 미래의 돈을 현재의 돈으로 바꾸는 과정이라고 할 수 있다.

낙관적 시나리오

DCF ≒ 청산가치 + 경상이익×0.6×〔∑(1.2/1.1)^k + k = 1 + (1.2/1.1)^5/0.1〕

= 1044 + (510 + 556 + 606 + 661 + 721×11)

= 105억 8700만 엔(1058억 7000만 원)

R(할인율) = 10%, 5년 동안은 20%의 이익성장, 6년 차 이후는 성장 없음으로 계산했다.

성장주이므로 기업의 가치평가 변동성이 커졌지만 초보수적으로 봐도 시가총액 18.4억 엔(184억 원)에 대해 기업가치는 37.4억 엔(374억 원), 낙관적으로 보면 106억 엔(1060억 원) 정도가 된다. 즉 최소 2배, 최대 6배 이상의 주가 상승을 기대할 수 있는 종목이다. 앞으로 출점 여하에 따라 폭발적으로 상승할 가능성도 있으므로 연이율 20% 이상의 성장 가능성도 있다.

투자 판단

5단계 평가(A~E)

자산으로 본 저평가 정도	B
수익 창출 능력으로 본 저평가 정도	A
재무건전성	B
수익성	B
성장성	A
사업역량	B
주주 중시 자세	A

1. 저평가 정도: 자산·수익·성장성 등 모든 요소를 고려해도 상당히 저평가되어 있다. 믿기 어려울 정도의 주가지표들이 즐비하다.
2. 재무건전성: 재무는 무차입금, 앞으로도 FCF를 중시한 출점을 시행한다고 하므로 B/S가 크게 훼손될 일은 없을 듯하다.
3. 성장성: 성장 여지는 충분하며 200개 점포는 쉽게 달성할 수 있을 것이다. 다만 FC 점포의 전개 속도가 늦는 것이 신경 쓰인다. 출점 여지로 보면 500점포 정도는 어렵지 않게 도달할 수 있을 것이다.
4. 수익성: 외식산업치고는 영업이익률이 11%로 높은 편이다. 앞으로 인건비와 재료비 급등이 우려되지만 도미넌트 출점[23]에 의한 브랜드 인지도 향상과 규모의 이점을 활용해서 더 높은 수익성을 목표로 해 주기 바란다.

---

23   도미넌트(dominent) 전략. 어떤 지역에 집중적으로 자사 매장을 다수 입점시켜 지역 상권에 가장 많은 매장을 개점하고 그 지역 업종의 '넘버원 브랜드'를 차지하는 전략이다.

5. 사업역량: ROIC 18~24% 정도로 외식 시장의 치열한 경쟁 속에서 꽤 우수하다고 할 수 있다. 돈가스처럼 손이 많이 가는 음식을 패스트푸드화하려는 의도는 틈새시장을 노린 훌륭한 전략이다.
6. 주주 중시 자세: 배당 성향은 15% 목표로 낮은 수준이며 배당보다는 출점이 장점이 많기 때문에 현재 상태로 충분하다. 2월 말에는 자사주를 7만 5000엔(75만 원)에 매입했고 전체의 약 4.27%에 해당하는 적지 않은 규모이므로 IR 대응도 자본 정책에 있어 중요한 신호다. 배당과 자사주 매입을 합친 이율이 7% 정도 수준이므로 긍정적으로 평가할 수 있다.

총괄

앞으로 기존 점포의 매출을 유지하고 점포 수를 200개 이상으로 늘리면 성장주로서 인정받을 것이다. PER 수준이 16배로 수정되고 이익이 2.5배가 되면 경사스럽게 텐배거 주식을 달성하게 되므로 기대하고 있다.

기업 분석 리포트를
직접 써 보자

기업 분석 리포트를 쓰기 전에

실제 기업 분석 리포트를 보니 전문용어가 많아서 아직까지는 내용을 이해하기 어려웠을 것이다. 하지만 최종적으로는 너희가 직접 이런 리포트를 만들어야 한다. 그럼 처음부터 순서대로 '기업 분석 리포트 작성법'을 알아보자. 아크랜드서비스의 기업 분석 리포트는 15년 전에 만들었지만 여전히 활용 가치가 충분하다. 일부 기업 분석 리포트에는 필요 없는 내용도 있어서 항목을 다시 구성했다. 기본적으로는 유가증권보고서에서 확인할 수 있는 순서로 정리했다.

> **기업 분석 리포트의 구성 항목**
>
> - 회사명
> - 회사의 연혁 및 사업내용
> - 실적 추이
> - 재무제표의 요약
> - 재무지표
> - 기업가치
> - 투자 판단
> - 기업 분석 리포트의 총괄

항목을 전체적으로 훑어봤으면 하나씩 살펴보자.

'회사명'과 '회사의 연혁 및 사업내용'

'회사명'은 금방 알 수 있지만 '회사의 연혁 및 사업내용'도 제대로 확인해 두자. '언제 회사가 설립되었고 어떤 경영이념을 바탕으로 어떤 사업을 전개해 왔는가.' 주식을 산다면 이 정도는 남에게 설명할 수 있도록 했으면 좋겠다. 이들 정보는 기업의 홈페이지에 들어가면 간단히 확인할 수 있다. 데이터를 그대로 옮기는 것도 좋지만 내용을 설명할 수 있을 정도가 되려면 직접 입력하거나 손으로 써 보는 것도 좋다. 손으로 쓰면 더 잘 이해가 되고 기억에도 오래 남는 것은 학계 연구로도 잘 알려져 있다.

실적 추이

우선은 '가부탄'에서 종목을 검색하고 과거 5년 동안의 실적 변화를 체크한다. 가능하면 10년치 정도는 확인하는 게 좋다.

내 경우 숫자를 늘어놓으면 한눈에 들어오지 않아서 그래프로 만들었는데 그때 '매출'과 '이익'을 나누는 편이 좋다. 예를 들어 '매출 1000억 엔(1조 원), 영업이익 50억 엔(500억 원)'이던 실적이 다음 해에는 '매출 1000억 엔(1조 원), 영업이익 60억 엔(600억 원)'으로 영업이익만 올랐다고 하자. 이때 매출과 영업이익의 그래프 척도가 같으면 신장률을 알기 어렵다. 다각적으로 사업을 운영하는 회사의 경우 '세그먼트(사업 부문)별'로 실적을 체크하면 좋다.

예를 들어 사이버에이전트(4751)는 아래 다섯 가지 사업으로 구성된 기업이다.

사이버에이전트(4751)의 다섯 가지 사업

① 인터넷 광고 사업: 광고 사업과 AI 사업을 전개
② 게임 사업: 스마트폰용 게임의 개발과 운영
③ 미디어 사업: 인터넷 텔레비전 '아베마(ABEMA)'와 경륜·오토레이스의 베팅권 판매 서비스 '윈티켓(WINTICKET)' 운영
④ 투자 육성 사업: 벤처 캐피털 사업 등
⑤ 기타 사업: 크라우드 펀딩 운영 등 다양한 업종의 사업을 전개

더불어 2025년 9월 결산기부터는 '③ 미디어 사업'과 '⑤ 기타

사업'을 통합해서 명칭을 '미디어 & IP 사업'으로 변경한다. 2024년 10월에 발표된 결산설명회 자료에 의하면 연간 기준으로 ① 인터넷 광고 사업은 '매출 4363억 엔(4조 3630억 원), 영업이익 222억 엔(2220억 원)', ② 게임 사업은 '매출 1959억 엔(1조 9590억 원), 영업이익 305억 엔(3050억 원)'으로 흑자였지만 ③ 미디어 사업은 '매출 1708억 엔(1조 7080억 원), 영업손익 마이너스 19억 엔(190억 원)'으로 적자였다. 미디어 사업의 영업손익은 전년도에 비해 95억 엔(950억 원) 개선되었지만 여전히 적자다.

경쟁사의 실적과 비교할 때도 개별 사업마다 비교해야 한다. 사업별 경쟁사를 살펴보면 아래와 같다.

① 인터넷 광고 사업: 셉테니홀딩스(セプテニHD: 4293)나 프릭아웃홀딩스(フリークHD: 6094), 디지털홀딩스(デジタルHD: 2389) 등

② 게임 사업: 스퀘어에닉스홀딩스(スクエニHD: 9684)나 MIXI(2121), 디엔에이(DeNA: 2432) 등

③ 미디어 사업: 넷플릭스(NFLX)나 Hulu[일본텔레비전홀딩스(日テレHD: 9404) 산하 HI홀딩스], Tver(도쿄 민간 방송국에서 운영: 미상장이지만 실적을 공표) 등

다른 업계를 보면 소니그룹(ソニーグループ: 6758)과 히타치제작소(日立製作所: 6501) 모두 '전기회사'라고 생각할 수 있다. 하지만 양쪽의 사업내용은 전혀 다르다. 히타치제작소는 원자력발전이나 자위대 관련 사업도 운영하지만 소니그룹에는 그런 종류의 사업이 전혀 없다. 큰 회사일수록 다양한 업종으로 경영을 확대하기 때문에 회사 이름만 봐서는 '완전한 동종업계'라고 판단할 수 없는 경우도 많다.

한편 내가 사는 주식은 고베물산(3038)이나 나무라조선소(7014)처럼 단독 사업만 운영하고 매출의 대부분을 주요 사업이 차지한다. 이처럼 사업 전개가 단순한 회사가 이해하기 쉽고 무엇보다 적자에서 흑자로 전환되었을 때 주가에 대한 영향도 크다. 그러므로 처음에는 사업 전개가 단순한 회사를 노리는 것이 좋다.

또 실적과 연관된 '매입처', '판매처'는 가능한 한 분산되어 있는 편이 좋다. BtoC 비즈니스를 펼치는 경우 '판매처'는 개인으로 자동적으로 분산되므로 '매입처'도 분산되어 있는지를 확인한다. 매입처와 판매처를 체크하는 이유는 '만일을 대비해서'라는 의미가 크다. 만일 매입처와 판매처가 '특정 국가', '특정 회사 한 곳'만이라면 그 나라, 그 한 회사에 무슨 일이 생기면 그 순간 실적이 기울고 만다.

예를 들면 반도체 제품을 판매하는 토멘디바이스[24](トーメンデバイス: 2737)의 매입처는 거의 100% 한국의 삼성그룹이다. 실적도 주가도 호조세이지만 한 회사에 의존하는 종목은 조금 걱정스러워서

손을 대지 않는다. 매입처가 한 회사뿐이라는 것은 상대방이 '우리가 없으면 당신네 회사 경영이 어려울 것이다'라는 식으로 약점을 쥘 가능성도 생각하지 않을 수 없다.

투자처에 대해 이야기할 수 있으려면 이런 내용까지 파악해야 한다. 이 정도까지 조사하지 않고 투자해 버리는 개인투자자가 너무 많은 것은 정말 큰 문제라고 생각한다.

재무제표의 요약

다음은 결산단신에서 '재무상태표', '손익계산서', '현금흐름표'의 주요한 내용을 옮겨 놓았다. 3년치는 옮겨 쓰는 편이 좋지만 수익가치주의 경우는 5년치가 적당하다. 그런 다음 어떤 항목에서 급하게 변화가 생긴 해가 있다면 그 이유를 살펴본다.

24   토멘디바이스 코퍼레이션(Tomen Devices)은 일본에서 전자제품 무역 회사로 운영되고 있다. 이 회사는 반도체 제품 및 전자 부품을 판매한다. 이 회사의 제품은 동적 랜덤 액세스 메모리, 플래시 메모리, 솔리드 스테이트 드라이브 및 멀티 칩 패키지 제품을 포함한 메모리 반도체, 시스템 온 칩 및 애플리케이션별 집적회로, 디스플레이 드라이브 IC 및 CMOS 이미지 센서를 포함한 시스템 LSI 반도체, 액정 디스플레이, 발광 다이오드, 유기 발광 다이오드 및 다층 세라믹 커패시터로 구성된다. 1945년에 설립되었으며 일본 도쿄에 본사를 두고 있다.

재무상태표(밸런스 시트)

- **자산**

  유동자산:
  　현금 및 현금성 자산
  　매출채권
  　재고자산
  유동자산 합계:

  비유동자산:
  　유형자산
  　무형자산
  　투자자산
  비유동자산 합계:
  자산 총계:

- **부채**

  유동부채:
  　매입채무
  　단기차입금
  　기타
  유동부채 합계:

  비유동부채:
  　장기차입금
  　기타
  비유동부채 합계:

  부채 총계:

  자본 총계:
  부채 및 자본 총계:

재무상태표의 체크 포인트

① 자산: 자산의 건전성을 판단한다

기업이 보유한 자산이 적절히 관리되는지, 유동자산과 비유동자산의 균형이 잡혔는지 체크

체크 포인트
- 유동자산: 단기간에 현금화할 수 있는 자산
    - → 현금과 현금성 자산, 매출대금, 재고자산
    - → 과거와 비교해서 감소 경향이라면 자금조달이 악화되지 않았는지
- 비유동자산: 장기로 사용할 수 있는 자산
    - → 건물, 토지, 설비
    - → 과잉투자는 없었는지 적정한 감가상각이 이루어지고 있는지
- 총자산의 증감
    - → 사업의 성장에 따라 자산이 증가하고 있는지

② 부채: 부채의 관리 상황을 보자

기업이 보유한 부채의 내역이나 변제 능력에 문제가 없는지 체크

체크 포인트
- 유동부채: 1년 이내 변제가 필요한 부채
    - → 매입채권, 단기차입권
    - → 매입이나 차입금의 증감을 체크
- 비유동부채: 1년 이상 걸려서 변제할 부채
    - → 회사채, 장기차입금
    - → 설비투자나 인수합병 등으로 차입금이 늘지 않았는지
- 부채비율: 부채 ÷ 자기자본
    - → 200% 넘기면 재무 리스크가 높아진다

③ 순자산: 자본의 건전성을 본다

기업의 재무 능력이나 주주가 지닌 가치를 평가

체크 포인트
- 자기자본비율: 자기자본 ÷ 총자산 × 100
  → 40% 이상이면 재무성 건전, 20% 이하면 리스크가 크다
- 이익잉여금의 추이
  → 과거와 비교해서 늘어났다면 수익 창출 능력이 강하다
- 자본금의 변동
  → 증자나 감자의 이력, 신주 발행이나 주주환원의 움직임 확인

| 정리 | **재무상태표의 중요한 분석 포인트**

항목	주요 포인트	주의점
유동자산	매출채권, 현금, 재고가 적정 수준인가	매출채권의 증가는 자금을 회수하지 못할 대손(貸損) 발생 위험이 있다
비유동자산	설비투자의 균형	감가상각이 적정한지
부채 합계	차입금 수준이 적정한가	변제부담이 너무 지나치지 않은지
자기자본	자기자본비율이 높을수록 안전	20% 이하는 리스크가 크다
이익잉여금	과거와 비교해 증가했는가	적자라면 주의 필요

심화 체크
- 현금흐름표와 함께 체크
  → 재무상태표만으로는 현금의 움직임을 알 수 없으므로 현금흐름표와 함께 체크
- 손익계산서와의 관련을 살펴본다
  → 수익이 늘었는데도 자산이 늘지 않았다면 투자가 적을 가능성이 있다

재무상태표를 보면 기업의 재무상태를 한눈에 알 수 있다. 구체적으로 분석하고 싶은 기업이 있다면 손익계산서와 함께 체크하자.

손익계산서의 체크 포인트

※ 전년도 대비 몇 % 증가, 혹은 감소인지까지 기재
- 매출
- 원가율
- 판매관리비율
- 영업이익
- 경상이익
- 당기순이익

① 매출 추이 체크

우선은 매출이 성장하고 있는지 체크

체크 포인트
- 매출의 증감
  → 전년도 대비·과거 수년과 비교해서 '성장률'을 체크
- 매출의 구성
  → 어떤 사업, 어떤 상품과 서비스가 얼마나 공헌하는지 분석
- 매출의 계절성
  → 연간 매출이 안정되어 있는지(계절에 따른 변동이 심하지 않은지) 체크

② 매출총이익 체크

매출액에서 매출원가를 뺀 것이 '매출총이익(그로스 마진)'
상품과 서비스의 수익성을 측정하는 지표가 된다

체크 포인트
- 매출총이익률(매출총이익 ÷ 매출 × 100)
  → 일반적으로 20~40%가 표준(업계에 따라 다르다)
- 원가율의 추이
  → 원가율 = 매출원가 ÷ 매출이 매년 상승하면 비용이 올라갈 가능성

*원가율이 상승하고 있다면 → 원재료비 급등이나 제조비용 증가, 가격 경쟁의 영향을 생각할 수 있다

③ 영업이익의 확인(본업의 수익)

영업이익은 매출총이익에서 판매 관리비(광고비·인건비·임대료 등)를 뺀 것
본업의 수익을 나타내며 기업의 실력을 아는 데 중요한 지표

체크 포인트
- 영업이익률(영업이익 ÷ 매출 × 100)
  → 일반적으로 5% 이상이면 우수, 10% 이상이면 고수익 기업
- 판매관리비 내역 분석
  → 인건비·광고비·연구개발비 등의 증감 체크
- 과거와 비교
  → 이익률이 내려갔다면 주의 필요 → 비용증가와 매출감소의 가능성

*영업이익률이 내려가면 → 비용증가·가격경쟁·경영의 효율악화

④ 경상이익과 당기순이익을 체크

본업 이외의 수익·비용을 고려한 '경상이익', 최종 이익인 '당기순이익'도 중요

체크 포인트
- 경상이익(영업이익 + 금융 수지)
  → 본업 + 투자나 금융 수지의 영향을 받는다
- 당기순이익(세후 최종이익)
  → 주주에게 가장 중요한 이익

- 영업이익과 경상이익의 차이
  → 본업 이외에서 지나친 수입 or 손실을 내지 않는가?
- 순이익률(순이익 ÷ 매출 × 100)
  → 일반적으로 5% 이상이라면 수익성 양호, 3% 이하라면 마진이 매우 낮은 경영

*경상이익 > 영업이익이라면 OK → 금융수지가 플러스
*경상이익 < 영업이익이라면 주의 필요 → 차입금의 이자 부담이 크다

⑤ 이익의 질을 체크(현금흐름과 비교)

손익계산서의 이익이 정말 '현금을 낳는지'를 현금흐름과 비교하면 더 정확히 알 수 있다

체크 포인트
- 영업활동 현금흐름이 흑자인가?
  → 이익이 나와도 현금이 늘어나지 않는다면 주의 필요
- 매출채권의 증가 vs 매출의 증가
  → 매출채권이 과도하게 늘어나면 자금조달이 악화될 리스크가 있다

*이익이 나도 현금이 줄어든다면 위험 → 실제 자금조달이 나쁠 가능성이 있다

| 정리 | 손익계산서의 중요한 분석 포인트

항목	중요 포인트	주의점
매출액	성장률이 플러스인가	과거와 비교하여 감소 추세라면 주의 필요
매출총이익률	20~40%가 표준 (업계에 따라 다름)	원가율 상승에 주의
영업이익률	5% 이상이면 건전, 10% 이상이면 고수익	판매관리비 증가로 이익이 압박받지 않는지

경상이익	영업이익과 비교하여 플러스인지	금융수지가 악화되지 않는지
순이익률	5% 이상이면 우량, 3% 이하면 박리다매 경영	매출액이 증가해도 이익이 감소하지 않는지
현금흐름	영업활동 현금흐름이 흑자인가	외상매출금이 과도하게 증가하지 않는지

손익계산서의 활용팁
- 몇 년 동안의 추이와 업계 평균(경쟁기업)을 비교한다
- 원가율과 이익률의 추이를 본다(일시적인 증감에 동요하지 않는다)
- 현금흐름과 함께 확인한다(이익≠현금)

'원가율', '판매관리비율' 등을 직접 기업분석 리포트에 적어보면 그 회사의 비즈니스 모델을 더 깊이 이해할 수 있다. 참고로 '원가율', '판매관리비'는 결산단신보다 유가증권보고서에 더 자세하게 기재하는 경우가 많다.
또 원자재 가격이 올랐을 경우 그 상승분을 가격에 전가할 수 있는지를 체크하는 것도 중요하다. '인재 활용에 드는 비용'도 업종에 따라서는 '판매관리비' 혹은 '원가'로 취급되기도 한다.

현금흐름표

- 영업활동 현금흐름
- 투자활동 현금흐름
  (그중 설비투자)
- 재무활동 현금흐름

'가부탄'에서 기업의 현금흐름을 체크하는 방법

① '가부탄' 공식사이트에 접속(kabutan.jp/)
② 검색창에 '기업명 혹은 증권코드' 입력
③ 기업 페이지에서 '결산' 탭을 클릭
④ 각각의 현금흐름을 체크
※ '결산' 페이지를 아래로 내리면 '현금흐름(CF=현금수지) 추이' 항목이 표시된다

현금흐름(CF=현금수지) 추이

연간							
결산기	영업이익	FCF	영업CF	투자CF	재무CF	현금 등 잔고	현금비율
△ 2001년 3월기 ~ 2021년 3월기를 표시							
2022.03	-9,532	14,381	15,096	-715	-2,500	25,276	20.43
2023.03	9,595	7,737	8,999	-1,262	-3,384	29,456	23.58
2024.03	16,493	25,486	27,405	-1,919	571	55,386	31.69
▽ 2001년 3월기 ~ 2021년 3월기를 표시							

※ '가부탄'에서 나무라조선소(7014)의 현금흐름을 체크

- 잉여현금흐름(FCF)
  → '영업활동 현금흐름 - 투자활동 현금흐름'으로 산출된 자유롭게 쓸 수 있는 자금으로, 플러스라면 여유가 있다
- 영업활동에 의한 현금흐름(영업CF)
  → 사업활동으로 벌어들인 현금흐름: 플러스라면 본업에서 자금을 만들어내고 있다
- 투자활동에 의한 현금흐름(투자CF)
  → 설비투자나 기업매수와 같은 투자에 의한 자금의 흐름: 마이너스라면 투자하고 있다
- 재무활동으로 인한 현금흐름(재무CF)
  → 차입이나 배당, 주식발행으로 인한 자금의 흐름: 플러스라면 자금조달, 마이너스라면 변제와 배당 실시

⑤ 데이터의 비교 분석
과거 수년 치의 현금흐름 추이를 볼 수 있으므로 다음 포인트를 체크
- 영업활동 현금흐름이 안정적으로 플러스인가?
- 잉여현금흐름이 계속해서 플러스인지: 투자가 영업활동 현금흐름을 웃돌지 않는지
- 재무활동 현금흐름의 움직임: 차입금이 늘어나지 않았는지, 배당이 무리 없이 시행되고 있는지

※ 이 정보를 바탕으로 기업의 자금조달 건전성이나 성장전략을 분석할 수 있다

예를 들어 매출 10%가 증가했는데 매출채권이 50% 늘어났다면 어쩌면 실제보다도 실적을 더 좋게 보이기 위해 의도적으로 회계를 조작한 '분식결산'의 가능성도 있다. 앞에서도 설명했지만 '매출채권'이란 상품과 서비스를 팔았는데 아직 회수하지 못한 대금을 가리킨다.

기업 분석 리포트는 '살 종목'을 고르는 것과 동시에 '사지 않을 종목'을 구별하기 위한 것이기도 하다. 명확하게 사지 않을 이유는 모르겠지만 어딘가 걸리는 것이 있다면 그런 종목을 일부러 살 필요는 없다. 나 스스로도 기업 분석 리포트를 정리하고 나서야 매입을 그만둔 종목이 꽤 있을 정도다.

재무지표

재무지표는 ① 건전성 ② 수익성 ③ 성장성을 나타내는 지표를 옮겨 적는다. ① 건전성은 '결산단신'에서 ② 수익성 ③ 성장성은 '가부탄'에서 발췌할 수 있다. 새로운 용어가 많이 나오지만 여기서 하나씩 설명하면 너무 길어지므로 리포트를 만들면서 조사하기 바란다.

재무지표

❶ 건전성
자기자본비율
유동비율

❷ 수익성
영업이익률
ROE(자기자본이익률)
ROA(총자산이익률)　ROIC(투하자본이익률)

❸ 성장성
매출 성장률(사업부문별)
영업이익 성장률

● 주가지표
PER(주가수익비율)
PCFR(주가현금흐름비율)
PSR(주가매출액비율)
PBR(주가순자산비율)
예상 수익률
PER × PBR
EV/EBITDA
ROIC(투하자본이익률)
발생액(Accrual, 이익의 질을 판단하는 지표)/총자산
시가총액

● 주주 동향 및 자본 정책
대주주 명단
배당 성향
자사주 매입, 소각, 증자 이력

재무지표의 체크 포인트

① 건전성: 도산 리스크가 낮은가?

기업이 적절히 자산·부채를 관리해서 안정된 재무 기반을 지니고 있는지 체크

지표	계산식	건전성 기준	의미 및 체크 포인트
자기자본비율	자기자본 ÷ 총자산 × 100	40% 이상	20% 이하면 차입 의존도가 높아 리스크가 크다
부채비율	부채 ÷ 자기자본 × 100	200% 이하	300% 이상이면 부채가 많아 재무 리스크가 높다
유동비율	유동자산 ÷ 유동부채 × 100	100% 이상	100% 미만이면 단기 지불 능력이 불안하다
당좌비율	당좌자산 ÷ 유동부채 × 100	100% 이상	현금화하기 쉬운 자산으로 단기 부채를 감당할 수 있는가
고정비율	고정자산 ÷ 자기자본 × 100	100% 이하	100%를 넘으면 고정자산의 투자가 커져 리스크가 크다

건전성 체크 포인트

- 자기자본비율이 높다 → 차입금 의존이 낮고 재무적으로 안정되어 있다
- 유동비율이 100% 미만 → 단기 자금조달이 어려울 가능성이 있다
- 부채비율이 높다 → 차입금에 의존해서 금리 부담이 경영을 압박할 리스크가 있다

② 수익성 : 얼마나 효율적으로 수익을 올리고 있는가

매출과 자본을 얼마나 효율적으로 활용해 이익을 올리고 있는가를 체크

지표명	계산식	건전한 기준	체크 포인트(주의할 점)
매출총이익률	매출총이익 ÷ 매출액 × 100	20~40%(업종에 따라 다름)	원가율이 상승하면 이익률이 낮아지니, 공급 단가나 생산성 확인 필요
영업이익률	영업이익 ÷ 매출액 × 100	5% 이상이면 건전, 10% 이상이면 우수	낮아질 경우 인건비·판매비 증가 또는 가격 경쟁 심화 가능성 있음
세전순이익률 (EBT)	세전순이익 ÷ 매출액 × 100	5% 이상이면 우수, 3% 이하면 저수익	영업이익 대비 차이가 크면 이자 비용, 환차손 등 외부 요인 확인 필요
순이익률	순이익 ÷ 매출액 × 100	명확한 기준은 없지만 높을수록 좋음	매출 증가에도 순이익이 줄면 비용 구조 문제나 일회성 손실 가능성 있음
ROE (자기자본이익률)	순이익 ÷ 자기자본 × 100	10% 이상이면 우수, 5% 이하면 비효율	주주 자본을 얼마나 효율적으로 활용하고 있는지를 나타냄
ROA (총자산이익률)	순이익 ÷ 총자산 × 100	5% 이상이면 효율적인 경영	회사 자산을 효율적으로 운영하여 수익을 창출하고 있는지 보여 주는 지표

수익성 체크 포인트
- 영업이익률이 낮다 → 판매관리비와 인건비의 증가, 가격 경쟁이 영향을 미쳤을 가능성
- ROE → 주주의 투자 자본을 제대로 활용하지 못하고 있다
- ROA → 회사의 총자산에 대해 이익을 만들어 내는 효율이 나쁘다

③ 성장성 : 회사는 장기적으로 성장하고 있는가?

기업이 지속적으로 성장할 수 있는지를 체크

지표명	계산식	건전한 기준	체크 포인트
매출 성장률	(당기매출액 - 전기매출액) ÷ 전기매출액 × 100	10% 이상이면 성장기업	매출이 감소하면 시장축소나 경쟁 심화, 제품 경쟁력 저하의 가능성 있음
영업이익 성장률	(당기영업이익 - 전기영업이익) ÷ 전기영업이익 × 100	플러스 성장이 바람직	성장하지 않으면 비용 증가, 특히 원가나 인건비 상승 등의 영향 가능성 있음
순이익 성장률	(당기순이익 - 전기순이익) ÷ 전기순이익 × 100	안정적인 성장이 이상적	법인세 부담, 일회성 손익(예 구조조정 비용, 자산매각 이익 등)이 순이익에 영향을 미쳤을 수 있음
총자산 회전율	매출액 ÷ 총자산	1.0회 이상이면 자산 효율적 활용	자산을 얼마나 효율적으로 매출로 전환하고 있는지를 평가(업종별 차이 있음)
매출채권 회전율	매출액 ÷ 매출채권(또는 외상매출금)	회전수가 높을수록 자금 흐름이 좋음	매출채권이 너무 많으면 외상거래 비중이 크고, 현금 회수가 느려서 자금흐름 악화 가능성 있음

성장성 체크 포인트
- 매출 성장률이 떨어진다 → 시장축소나 경쟁이 심화하고 있을 가능성이 있다
- 영업이익 성장률이 마이너스 → 비용증가나 가격 경쟁의 영향으로 이익이 감소하고 있다
- 순이익의 증가세가 둔화하고 있다 → 세금 부담이나 일시적인 손익이 영향을 미치고 있을 가능성이 있다

| 정리 | **재무지표의 체크 포인트**

지표명	계산식	건전성 기준	체크 포인트
① 건전성	자기자본비율	40% 이상	20% 이하는 재무 리스크가 높다
	부채비율	200% 이하	300% 초과는 차입금 의존이 높다
	유동비율	100% 이상	100% 미만이면 자금조달 리스크가 높다
② 수익성	영업이익률	5% 이상	떨어지고 있다면 경영악화 조짐
	ROE	10% 이상	너무 낮으면 주주가치를 만들어 낼 수 없다
	ROA	5% 이상	낮으면 자산 활용이 비효율적
③ 성장성	매출성장률	10% 이상	마이너스 성장이라면 사업 축소의 리스크

심화분석을 위해서는?
- 업계 평균과 비교 → 경쟁력을 판단
- 과거 5년 치 데이터를 본다 → 일시적인 변동에는 동요할 필요 없다
- 현금흐름과 함께 확인 → '수익이 나는데 현금이 줄어든다'면 주의 필요

내 경험상 투자가 적성이 아닌 사람들은 하나같이 '조사를 안 하거나', '뭐든지 나중으로 미루는' 공통점이 있다. 너희들은 절대 그러면 안 된다. 이 밖에도 재무지표의 체크 포인트를 대강 정리해 보자. 중복되는 내용도 있지만 복습이라고 생각하고 머릿속에 넣어 두면 좋다.

'증자'로 해결하려는 회사는 투자하지 않는다

내가 정말 싫어하는 것은 '증자'다. 솔직히 재무상태표의 실적만 보면 '이 회사 이러다 망하는 거 아니야?'라는 생각이 드는 곳도 어떻게든 버티고 있다. 특히 대기업일수록 그런 경우가 많다. 신형 코로나바이러스가 유행했을 때 외출 자제로 인해 음식·여행업계는 치명적인 타격을 입었다. 그래도 정부의 구제책으로 간신히 살아남았다.

재무상태표로 알 수 있는 '위험한 기업'의 전형적인 상태

유동부채 > 유동자산: 자금조달 악화

유동부채가 유동자산보다 훨씬 많다
- 단기적인 지불능력(자금조달)이 위험하다
- '현금 및 현금성 자산'이 극단적으로 적고 지불 능력이 불안하다

차입금 과다: 부채가 많다

자기자본비율이 낮다(20% 이하)
- 차입금에 의존해서 운영하는 기업은 경기 악화 시에 힘들다

차입금(이자지급 부채) ÷ 영업활동 현금흐름이 높다
- 벌어들인 돈으로 부채를 갚을 수 없는 상태

순자산 마이너스: 채무초과

'자산'이 마이너스(=채무초과)
- 기업의 총자산보다도 부채가 더 많은 상태
- 채무초과의 기업은 상장 폐지 리스크가 있다

재고와 매출채권이 비상식적으로 많다: 자산의 질이 나쁘다

재고자산이 계속 늘어난다
- 팔지 못한 재고가 늘었을 가능성이 있다

매출채권이 지나치게 증가
- 매출을 계상하지만 실제로 돈이 들어오지 않는다

영업활동 현금흐름이 마이너스: 본업에서 돈을 벌지 못한다

영업활동 현금흐름이 마이너스인데도 차입금이나 자산매각으로 자금을 보충하는 기업은 주의가 필요하다

기업의 실적이 별로 좋지 않아도 은행은 어떻게든 도와주려고 애쓴다. 상장기업이라면 '증자'라는 최후의 수단을 취할 수 있기 때문이다. 증자란 이름 그대로 기업이 '자본금'을 늘리는 것이다. 증자의 일반적인 수단은 신주 발행이다. 주식을 새로 발행하면 자금이 보이고 표면적으로는 재무건전성이 강화된다. 그러므로 은행은 '증자를 하면 어떻게든 된다'는 식으로 생각하는 경향이 있다. 하지만 나는 기본적으로 증자를 하는 기업의 주식은 사지 않는다. 그동안 매수한 기업 중에 증자를 발표한 결과, 생각처럼 주가가 올라가지 않아서 매각해 버린 경험도 있다.

신주를 발행해서 증자를 하면 당연히 한 주당 주가는 내려간다. 따라서 신주 발행 후 기업의 실적이 바뀌지 않으면 그만큼 주가가 장

래 상승할 여지가 줄어드는 것이다. 그 결과 주식을 보유하던 투자자들은 팔기에 나서고 주가는 한층 더 떨어진다. 특히 신흥기업 중에는 강력한 중기 경영계획을 발표해서 주가를 끌어올려 놓은 다음, 증자를 실행해서 자신의 수익을 올리는 악질적인 경우도 있다. 이런 정신 상태의 회사는 어차피 오래가지 못한다. 경영이 힘들다고 쉽사리 증자에 나서는 회사는 신용할 수 없다.

말도 안 되는 경영 판단을 하는 월급쟁이 경영자

기업의 증자 실행 여부는 오너 기업인지 아닌지도 크게 영향을 미친다. 오너 기업의 경우, 증자를 실행하면 자신들이 대량 보유한 주식의 가치를 떨어뜨리는 셈이므로 가능하다면 하고 싶지 않은 게 정상이다. 오너 기업이면서 창업자 가족이 보유한 주식이 많을수록 증자할 가능성은 낮아진다. 하지만 자사주가 많지 않은 '월급 사장'은 쉽사리 증자를 결정하는 경향이 있다.

최근 사례로는 2024년 11월 간사이전력(関西電力: 9503)에 의한 '증자사건'이 유명하다. 간사이전력은 공모 증자[25]를 통해 최대 5049억 엔(5조 490억 원)을 조달하겠다고 발표했다. 이 때문에 간사이전력의 주가는 한때 17% 이상 폭락했다. 증자로 인해 주식 수가 최대 20%나 증가해서 기존 주주들의 지분율이 희석화(dilution), 즉 주식의 가치가 낮아졌기 때문이다.

자금조달을 위해 신주를 발행할 때는 시장가격, 즉 현재 주가를 기준으로 발행가격을 결정한다. 다만 기존 주주나 시장에 대한 영향을 고려해서 시장가격보다도 조금 할인해서 발행하는 것이 일반적이다. 보통은 신주인수권을 부여받은 주주들이 이때 시장가격보다 주식을 싸게 인수할 수 있다.

간사이전력의 증자에서도 신주 가격은 한 주당 1780.5엔(1만 7805원)으로 기준일인 2024년 11월 26일의 종가 1836엔(1만 8360원)에 비해 약 3% 할인된 가격으로 발행되었다. 하지만 일반 공모를 통한 증자였으므로 기존 주주에게 신주를 할인된 가격으로 살 수 있는 기회를 주지 않은 채, 낮은 가격으로 신주가 발행되어 기존 주주의 이익을 훼손하게 되었다. 결과적으로 증자 발표 직후 간사이전력의 주가는 과거 최대 하락 폭을 기록했다. 증자 덕분에 자금은 조달했지만 주식 수가 늘어나므로 주식 가치가 희석화된다는 단점과 장래 매도 압력을 투자자가 우려했기 때문이다.

25 회사가 자본을 늘리기 위해 신주를 발행하면서 기존 주주가 아닌 불특정 다수의 투자자를 대상으로 주식을 공개적으로 판매하는 유상증자의 한 방식. 기존 주주에게 신주인수권을 부여하지 않으므로, 주주배정방식에 비해 절차가 간소하여 단기간에 자금을 조달할 수 있다는 장점이 있다.

> **증자를 실행할 때 '발행가격' 결정법**
>
> - 공모증자의 경우 → 과거 주가의 평균값을 바탕으로 결정
>   공모증자 = 불특정다수의 투자자를 대상으로 신주를 발행해서 파는 증자법
> - 제3자배정 유상증자의 경우 → 사전에 투자자와 협의해서 결정
>   제3자배정 유상증자 = 특정의 제3자(투자자나 기업)를 대상으로 신주를 발행하는 증자 방법
> - 주주배정 유상증자의 경우 → 기존 주주 대상으로 시장가격에 가까운 가격으로 결정
>   주주배정 유상증자 = 기존 주주에 대해서 우선적으로 신주를 할당하는 증자의 방법

투자자 입장에서 간사이전력의 증자가 비상식적이라고 느끼는 이유는 보통 주식을 보유하지 않은 월급쟁이 경영진이 주가와 주주의 이익을 우선순위에 두지 않기 때문이다. 따라서 '누가 어느 정도 주식을 보유하는지'도 봐 두는 편이 좋다. 인터넷에서 '기업명'과 '대주주'로 검색하면 바로 알 수 있다.

한편 기업의 실적이 부진할 때 '자사주 매입'은 주주들에게 반가운 소식이다. 실제 내가 매수한 호주의 금광주와 HD한국조선해양(009540)도 실적이 부진했을 때 창업자 일가가 매입해 주었다.

다만 오너 경영자인만큼 단점도 있다. 예를 들어 별도의 자산관리회사를 설립해서 상장회사의 최대주주로 삼고 오너 본인이 2대 주주가 된다. 이를 통해 상장회사와 자산관리회사, 두 곳의 지분율을 합산해 66%가 넘는 지배력을 확보하는 경우다. 그렇게 되면 의결권을

구실 삼아 본업인 회사에서 자산관리회사로 필요 이상의 자금을 흘려보낼 수도 있다. 물론 그런 사욕을 채우는 회사는 본업의 실적이 오르지 않으므로 당연히 주가도 오르기 어렵다.

기업가치

'자산가치주'와 '수익가치주' 각각의 체크 포인트도 알아보자.

'자산가치주'의 체크 포인트

우선 체크할 포인트는 다음 계산식이다.

$$청산가치 = 조정자산 - 총부채$$

'청산가치'는 회사가 사업을 종료하고 모든 자산을 매각해서 얻을 수 있는 금액에서 모든 부채를 빼고 남은 가치를 말한다. 현시점에서 모든 자산을 현금화한 가치인 청산가치가 시장가치(시가총액)보다 높다면 해당 기업은 자산가치 대비 저평가되었다고 판단할 수 있다. 또한 'PBR(주가순자산비율)이 1배 미만'이라는 것은 시가총액이 청산가치를 밑도는 '시장의 평가가 낮은 상태'라고 할 수 있다.

청산가치를 생각할 때 '현금'이나 '유가증권'은 그 가액이 100만 엔(1000만 원)이라면 그대로 100만 엔(1000만 원)이지만 '받을어음'이나 '재고자산'은 '장부가액 = 그 가액으로 팔린다'고는 할 수 없다. 그래서 실제로 팔리는 금액으로 수정한 것이 '조정자산'이다. 각각 다음과 같이 계산한다.

조정자산의 계산

- 현금 및 현금성 자산 = 100%
- 유가증권 = 100%
- 받을어음 및 매출채권 = 85%
- 재고자산 = 50%
- 투자 등 = 50%
- 유형자산(유형고정자산) = 50%
- 무형자산(무형고정자산) = 0%
- 기타 유동자산 = 0%

'수익가치주'의 체크 포인트

수익가치는 현금흐름의 현재가치를 측정하는 'DCF(현금흐름할인법)'으로 계산한다. 이는 기업이 장래 만들어 낼 현금흐름을 현재가치로 할인해서 기업가치를 산출하는 방법이다.

DCF법은 '미래의 이익을 현재의 가치로 환산하는 방법'이므로 성장기업이나 M&A 기업가치평가에 자주 사용된다. 이는 미래에 얼

DCF의 흐름

① 장래 현금흐름을 예측 (예: 앞으로 5년 동안의 이익)
② 할인율(WACC, Weighted Average Cost of Capital: 가중평균자본비용 등)을 설정
  (시간의 경과에 의한 가치의 감소를 고려)
③ 현금흐름을 현재가치로 할인
④ 합계해서 기업가치를 구한다

- 포인트
- 장래 이익이 클수록 기업가치는 높아진다
- 할인율이 높을수록 현재가치는 낮아진다(리스크가 높은 기업일수록 저평가)

을 수 있는 현금흐름을 현재의 가치로 할인해서 계산하는 방식이다. 자본은 시간의 경과와 함께 그 가치가 증식하는 성질이 있으므로 미래의 현금흐름을 할인할 필요가 있다는 것이다.

시나리오별 계산식

- 보수적 시나리오: 순현금 + 잉여현금흐름(FCF)/R(할인율)
  R = 10% ※ 이익성장 없이 생각한다
- 낙관적 시나리오: 순현금 + 잉여현금흐름(FCF)/R(할인율)
  R = 10% ※ 약 5년간은 연 20%의 이익성장, 6년째 이후로는 성장 없이 생각한다

정리하자면 순현금의 계산식은 '현금 및 현금성 자산 + 유가증권 - 유이자부채', 잉여현금흐름은 '영업활동 현금흐름 - 투자활동 현금흐름', 낙관적인 시나리오의 경우 나는 수열을 사용해서 계산하므로 '숫자에 자신 있는' 사람이라면 아크랜드서비스의 리포트를 보고 참조하는 것도 좋다.

투자 판단

일곱 가지 항목을 5단계(A~E)로 평가한다. 기업 분석 리포트는 결국 이 평가를 내리기 위해 작성하는 것이다.

일곱 가지 항목을 5단계(A~E)로 평가해서 투자 판단

- 자산으로 본 저평가 정도
- 수익 창출 능력으로 본 저평가 정도
- 재무건전성
- 수익성
- 성장성
- 사업역량
- 주주 중시 자세

이 평가는 객관적인 지표를 바탕으로 자신의 주관에 따라 평가하는 것이 포인트다. 결국 '성적표'나 마찬가지다. 여기서 중요한 것은 '한 가지라도 A가 있으면 매수 재료'가 된다는 점이다. 모든 항목

에서 A 평가를 받는 기업은 없다. 또 '지금은 D 평가이지만 앞으로 A 평가가 될 것 같다'면 상당히 좋은 경우다.

　　게임을 좋아하는 사람이라면 야구 게임 '파워풀 프로야구'의 능력치에 비유하면 이해하기 쉬울 것이다. 파워풀 프로야구에서는 선수의 능력을 'S~G'로 표현하는데 모든 능력이 S인 선수는 없다. 그 유명한 오타니 쇼헤이(大谷翔平) 선수조차도 '파워풀 프로야구 2024-2025'에서는 타격 정확도, 파워, 어깨 힘은 A이지만, 주력은 B, 포구는 D, 수비력은 E로 나왔다. 즉 오타니 선수조차도 모든 능력치가 가장 높은 평가인 S가 아닌 것이다. 발이 빠르고 정확한 타격을 하는 선수에게 홈런을 기대해 봐야 소용이 없고, 힘이 좋은 선수에게 빠른 발을 기대하는 것도 의미가 없다. 주식도 마찬가지로 어느 특정 분야에서만 잘나가면 된다.

　　지금까지 내가 집중적으로 매수한 종목의 평가를 살펴보자. 아크랜드서비스홀딩스(상장 폐지)는 꽤 우등생이었고 나무라조선소(7014)와 HD한국조선해양(009540)은 평가 'D'에서 'A'로 올라간 만큼 절호의 매수 재료가 있었다는 사실을 알 수 있다.

투자 리포트의 총괄

지금까지 써 온 것을 바탕으로 '자유롭게 쓰면 된다!'

기업 분석 리포트 더 알아보기

기업 분석 리포트를 작성하는 것도 중요하지만 목적은 어디까지나 유망한 종목을 찾아내기 위해서다. 작성 자체가 목적이 되면 안 된다. 기업 분석 리포트를 쓰고 나면 그 주식의 특징과 주가가 어떻게 상승하는지 자기 나름의 시나리오를 설명할 수 있어야 한다.

미국의 전설적인 펀드매니저인 피터 린치는 자신이 보유한 주식에 대해 "어떤 주식이라도 90초 안에 프레젠테이션이 가능하다"라고 했다. "설명하는 데 90초 이상 시간이 걸린다면 그것은 그 종목에 대해 이해하지 못한다는 것"이라고 했다. 나도 전적으로 동감한다. 기

일곱 가지 항목을 5단계(A~E)로 평가

아크랜드서비스홀딩스(상장 폐지)

자산으로 본 저평가 정도	B
수익 창출 능력으로 본 저평가 정도	A
재무건전성	B
수익성	B
성장성	A
사업역량	B
주주 중시 자세	A

고베물산(3038)

자산으로 본 저평가 정도	D
수익 창출 능력으로 본 저평가 정도	C
재무건전성	A
수익성	C
성장성	B
사업역량	A
주주 중시 자세	A

일곱 가지 항목을 5단계(A~E)로 평가

나무라조선소(7014)

자산으로 본 저평가 정도	C
수익 창출 능력으로 본 저평가 정도	A
재무건전성	D
수익성	D→A
성장성	A
사업역량	B
주주 중시 자세	C

HD한국조선해양(009540)

자산으로 본 저평가 정도	C
수익 창출 능력으로 본 저평가 정도	A
재무건전성	D
수익성	D→A
성장성	A
사업역량	B
주주 중시 자세	D

업 분석 리포트의 투자 판단이나 총정리는 중학생도 이해할 수 있는 수준으로 쉽게 설명하는 편이 좋다.

소설가이자 극작가인 이노우에 히사시(井上ひさし)는 "어려운 것을 쉽게, 쉬운 것을 깊게, 깊은 것을 재미있게, 재미있는 것을 충실하게, 충실한 것을 유쾌하게, 그리고 유쾌한 것은 어디까지나 유쾌하게"라고 했지만 기업 분석 리포트도 마찬가지다.

나는 기본적인 정보를 결산단신과 유가증권보고서, '가부탄'에서 얻었지만 그것을 바탕으로 반드시 자기 나름의 고안을 해서 나보다 뛰어난 기업 분석 리포트를 쓸 수 있게 되기를 바란다. **처음에는 자신의 취미나 일과 관련이 있고, 주변에서 느낄 수 있는 업계를 2개 정도로 골라서 각각 10개 종목 정도를 선별한다. 거기서 다시 3개 종목으로 줄여 본다.** 그리고 그 세 종목의 기업 분석을 정리하는 것부터 시작해 보자! 처음에 기업 분석 리포트를 정리하는 고생이 100이라고 하면 세 종목을 정리한다고 해도 그 고생이 300이 되지는 않는다. 기껏해야 절반인 150 정도일 것이다.

무엇이든 처음이 가장 힘들다. '좀 더 효율적인 방법이 없을까?' 고민할 수도 있다. 실제로 요즘 세상에는 '편하게 투자해서 돈을 번다'는 종류의 책도 많이 나온다. 하지만 편하게 지속적으로 돈을 벌 수 있는 일은 세상에 없다. 또 '효율성' 운운은 그 일을 모두 해 낸 사람만이 말할 자격이 있다. 처음부터 효율을 바라는 사람은 성장할 수 없다. 아니 성장을 포기하는 것이나 마찬가지다. 투자를 하다보면 손해 보는 일도 있다. 이 과정이 고생스럽더라도 이겨내 주면 좋겠다.

기업 분석 리포트를 만들면 아무래도 그 종목에 애착이 생긴다. 그럼에도 시나리오가 어긋나거나 더 좋은 종목을 발견하면 그 주식과는 헤어져야 한다. 하나의 주식에 집착하지 않기 위해서도 기업 분석 리포트는 많이 쓰는 편이 좋으며 리포트를 쓸수록 상대적으로 하나의 주식에 대한 고집도 줄어든다. 확실히 시간은 걸리겠지만 나도 의사 일을 하면서 쓸 수 있었으니 '바빠서 기업 분석 리포트를 쓸 시간이 없는' 일은 거의 없을 것이다.

참고로 기업 분석 리포트를 쓰다 보면 '이건 정말 대박 종목'이라는 것을 느끼는 경지가 찾아온다. 그래도 기업 분석 리포트는 작성해야 한다. 확인 작업을 위해서 쓰는 것이다. '절대로 이건 터진다!'라고 생각할 수 있는 종목을 발견하면 우선은 사 두면 된다. 시클리컬가치주의 경우 이미 그렇게 생각한 시점에서 흑자 전환이 내다보이는 상태일 것이고 수익가치주도 성장하고 있는 도중이기 때문이다.

만일 리포트를 만든 다음 '이것도 좋고 저것도 좋다. 이제 재무제표만으로는 판단할 수 없다'라고 생각되는 종목이 많이 나오면 자신의 취향을 우선하면 된다. 혹은 지금 자신이 좋아하고 쓰고 있는 상품이나 서비스와 관련 있는 종목이라면 그 회사를 우선적으로 선택하자. 그러면 단순히 주가의 움직임만이 아니라 회사 자체를 응원하는 기분이 생길 것이다.

'이거다'라는 종목이 있다면 집중투자

흔히 '집중투자는 위험하니까 분산투자를 하자'라고 한다. 그 말이 맞다. 하지만 항상 분산투자가 좋은 것은 아니다. 진짜 이거다 싶은 종목을 찾아냈을 때는 집중투자 해야 한다. 나도 실제 그렇게 도전했기 때문에 오늘날이 있는 것이다. 예를 들어 현재 A·B·C·D·E로 5개 종목에 20%씩 균등하게 분산투자를 하고 있다고 치자. 더 이상 현금으로 추가 매수할 여력이 없는데 유망 종목 F가 발견되었다고 하자. 이 신규 종목을 사려면 A~E 5개 종목 중에서 하나를 팔아야 한다. 이때 어떻게 생각하면 좋을까?

우선은 1년 뒤 주가 상승률의 기대치를 비교해 본다. 물론 정확하게 예측하기는 불가능하므로 어디까지나 각 종목을 샀을 때 시나리오의 진행 정도나 분기별 달성률 등에서 자기 나름대로의 기대치로 충분하다. 주가 상승률의 기대치를 비교한 결과가 A : 50%, B : 40%, C : 30%, D : 20%, E : 10%, F : 60%라면 상승률이 가장 낮은 E와 상승률이 가장 높은 F를 바꾸면 된다.

만일 여기서 기대되는 상승률이 60%인 F가 아니라 주가 상승 400%가 전망되는 발군의 초유망주 S를 발굴했다면 어떨까? 평소라면 E와 S를 바꾸면 그만이지만 정말 그것만으로 충분할까? 이 정도로 S의 기대치가 독보적이라면 '두 번째로 기대치가 낮은 D도 S와 교체하는 편이 좋지 않을까?'라고 생각하는 것이 자연스러울 것이다. 그렇다면 '아니, 잠깐만. D만이 아니라 C도, B도, A까지 모두 바꾸는 게 좋지 않을까?' 이렇게 생각해도 독보적인 S의 기대치를 생각하면 이상할 것이 없다.

이런 식으로 심사숙고하면서 보유주의 기대치를 비교하는 동안, 결과적으로 집중투자를 하게 되는 것이 가장 최선이라고 생각한다. 실제로 이 책을 집필하고 있는 지금 나는 기대치가 정말 높은 HD한국조선해양(009540)에 집중투자하고 있다. 이것이야말로 이러한 사고 프로세스를 거친 결과이다.

특히 자산총액이 적을 때에는 분산투자를 하면 좀처럼 자산이 늘지 않는다. 1000만 엔(1억 원) 정도까지는 분산투자보다 기대치가 높은 종목을 발굴해서 집중투자를 하는 편이 좋다. '분산투자가 기본'이라는 것은 초심자가 큰 실패를 맛보지 않기 위한 일반론으로는 옳다. 하지만 내 경우에 정말 모두 조사해서 '이것밖에 없다'고 생각되는 종목에 투자해 실패하는 경우는 별로 없었다. 만일 점점 가격이 떨어진다면 예측 불가능한 외부적 요인이 닥쳤거나 아니면 자신의 정보 수집력이 부족했다는 이야기다. 또 만일 실적이 내려갈 징조가 보였다고 해도 그 징조를 누구보다도 빨리 깨달았을 것이다. 그러므로 손절하게 되었다고 해도 큰 손해는 보지 않을 것이다.

젊을수록 노동으로 투자 손실을 만회할 여지가 크다. 나이가 들어 수천만 엔 단위로 자산액이 늘어나고 젊을 때처럼 무리도 할 수 없게 되었을 때 자산이 크게 줄어드는 것과는 타격감이 다르다. 실패해도 좋을 동안에는 집중투자에 나서는 편이 결과적으로는 성과도 높아진다.

시클리컬가치주 투자는 회복기·호황기·후퇴기·불황기라는 경기순환을 베이스로 하는 만큼 '이건 절대 틀림없다!'라고 생각되는 종목이 없는 기간이 정말 길다. 한편 자산가치주, 수익가치주가 전혀 존재하지 않는 국면은 없다. 그러므로 평소에는 같은 정도의 기대치가 있는 자산가치주와 수익가치주에 분산투자 해 두고, '이건 틀림없다!'라는 시클리컬가치주를 발견하면 전력 집중투자로 갈아탄다고 생각하면 된다. 내 경우 최근에 전력 집중투자로 갈아탄 것이 나무라 조선소이고 HD한국조선해양이었던 것이다.

참고 삼아 이 두 회사의 투자 판단의 핵심을 정리해 두었다.

나무라조선소(7014)

투자 판단

저평가 정도 앞으로 수익성을 생각하면 압도적으로 저평가되어 있음.
재무건전성 조선업이라는 사업의 특성상 좋지 않다.
수익성 2020년 선박 가격으로 수주해서 강재(鋼材)가 급등해도 적자가 되지 않았다. 선박 가격의 상승과 함께 이익률은 대폭 개선될 것이다.
성장성 선박 가격 및 선박 수주의 예상과 미군 함선의 수선, 모두 수익증가가 전망된다.
사업역량 완전한 시클리컬가치주이므로 과신은 금물이다. 다만 앞으로는 좋은 사이클에 들어가므로 초조해하지 말고 보유하는 것이 좋다.
주주 중시 자세 흑자 전환과 함께 배당 5엔(50원)을 냈으므로 주주를 경시하는 분위기는 아니다. IR 담당자에게 전화하자 스톡옵션, 즉 회사가 임직원에게 우리사주를 미리 정한 가격에 매입할 수 있는 권리를 부여하는 것의 가격을 신경 쓰고 있었으므로 직원들도 주가에 무심하지는 않은 듯하다. 배당 성향은 낮지만 앞으로 기대하고 있다.

총괄

현재 조선업계는 20년 사이클로 인한 오랜 적자의 터널을 빠져나와 초호황기, 즉 슈퍼 사이클로 막 진입한 상태다. 해체(解撤) 사이클(선박의 라이프 사이클 마지막 단계인 해체의 과정이나 그 기간)에서 오는 선박 가격의 추이와 수주 전망을 생각했을 때 지난 분기보다 이번 분기, 이번보다 다음 분기, 또 다음 분기로 시간이 지날수록 실적이 좋아질 것이다.

엔화 약세와 강재 가격의 하락이 실적을 더 밀어 올릴 가능성도 높다. 조선소의 생산능력에는 한계가 있으므로 치솟는 수익 증가만큼의 호실적은 낼 수 없을 것이다. 다만 업계 전반의 생산능력이 떨어지므로 수주잔고가 점점 쌓이면서 선박 가격은 오히려 올라갈 것이다. 낙관적으로 보면 2025년도 결산에서 과거 최고 수익을 내고 장기적으로는 2032년 무렵까지 최고 수익을 지속적으로 갱신할 것으로 생각된다.

HD한국조선해양(009540)

투자 판단

저평가 정도 순수익 5600억 엔(5조 6000억 원)이 실현된다면 현재 시가총액 9500억 엔(9조 5000억 원)은 저렴하다.
재무건전성 조선업이라는 사업의 특성을 생각하면 조금 나쁜 편이다.
수익성 선박 가격의 상승과 함께 이익률은 대폭 개선될 것이다.
성장성 선박 가격·수주 전망과 미군 함선의 수선, 양쪽 부문 모두 수익 증가가 전망된다.
사업소질 완벽한 시클리컬가치주이므로 과신은 금물이다. 다만 앞으로 슈퍼 사이클에 진입하므로 초조해하지 않고 보유할 생각이다.

총괄

현재 조선업계는 20년 사이클로 인한 오랜 적자의 터널을 빠져나와 초호황기, 즉 슈퍼 사이클로 막 진입한 상태다. 한국은 일본의 조선회사보다 수주잔고가 많이 쌓여 있는 만큼 1년 늦게 흑자로 전환되기 때문에 아직 주가가 낮은 상태이므로 이제부터 가장 수혜를 입을 수 있는 타이밍이 된다. 선박 해체 사이클로 인한 선박가의 추이와 수주 전망을 감안하면 지난 분기보다 이번 분기, 이번 분기보다 다음 분기로 시간이 흐를수록 실적은 좋아질 것이다.

한국의 경우 일본보다 흑자 전환할 때까지 시간이 더 걸리는 만큼 높은 선박 가격도 일본보다 더 오래 유지될 것이다. 낙관적으로 보아 2026년도 결산에서 앞에서 이야기한 대규모 흑자를 달성하고, 길게 보면 2033년 무렵까지 최고 수익을 지속적으로 갱신할 것이다.

PART 6

작은 차이가 큰 수익으로 이어진다

↗

이익을 극대화하는 '+a'의 노하우

수시공시의 효과적 활용법

지금까지 내 투자의 모든 것을 너희에게 전해 주었다. PART 6에서는 마지막으로 투자할 때 중요한 역할을 하는 '+α 노하우'를 전수하고자 한다.

우선 '수시공시'에 대해 알아보자. 수시공시는 투자 판단에 영향을 미치는 중요한 기업정보를 신속하게 공개하는 것이다. 도쿄증권거래소의 수시공시 시스템인 'TDnet'이나 금융청의 전자공시시스템인 'EDINET' 그리고 각 기업의 IR 페이지에서 볼 수 있다. 주가를 움직이는 정보가 발표되는 경우가 많으므로 꼼꼼히 살펴보는 것이 좋다.

나는 일일이 찾아보기가 귀찮아서 수시공시 정보를 자동으로 알려 주는 서비스에 등록했다. 다양한 앱이 있지만 내가 사용하는 것은 '도쿄IPO(https://www.tokyoipo.com)'라는 사이트의 '공시정보 속보서비스'다.

상장기업이 'TDnet'에 발송한 뉴스 릴리스(결산단신, 실적 예상 수정이나 M&A 등)를 즉시 메일로 받을 수 있는데다가 '도쿄IPO' 사이트에서도 모든 상장기업의 뉴스 릴리스를 열람할 수 있다. 나는 200개사 정도 등록해서 그들 기업이 수시공시를 하면 자동으로 통지가 와서 편리하다.

참고로 나는 등록회사 수를 200사로 설정해 놓았는데 그 정도면 체크할 수 있다고 생각해서다. 모든 수시공시를 체크하는 투자자도 있지만 그것이 반드시 투자 성과로 이어지는가 하면 그렇지도 않다. 자신이 관리할 수 있는 범위 내에서 체크하는 편이 효과적이다.

IR 담당자에게 이메일 보내기

PART 2에서 유가증권보고서를 읽어 봐도 모르는 것이 있을 때는 해당 기업의 IR 담당자에게 문의하라고 했다. 이때 "귀사의 수주잔고가 늘어나고 있는 것 같은데 단가는 어떻습니까?"라고 직설적으로 물어봐도 '얼마 얼마입니다'라고 대답해 주는 경우는 당연히 없다. 그럴 때는 대화의 기술을 발휘해 "귀사의 경쟁 기업인 ○○사는 단가가 올라갔다고 들었는데 귀사는 어떤신가요?"라고 물어보는 것도 방법이다. 입이 무거운 IR 담당자도 라이벌 회사의 정보를 예로 꺼내 들면 "정말 그렇게 말했나요?"라고 선뜻 응하는 경우가 많다. 'IR 담당자에게 전화하기'는 좀처럼 쉽지 않은 일이지만 이것도 익숙해지면 괜찮다. 몇 번 반복하다보면 '모르는 것은 물어본다'는 것이 당연해진다.

IR 담당자에게 문의할 때는 예의를 갖추어야 한다. 공표된 것은 미리 조사하고 머리에 넣어 두는 게 당연하다. 조금만 찾아보면 알 수 있는 것까지 물어보는 것은 실례다. 결산단신이나 결산 설명자료, 유가증권보고서를 모두 확인해도 알 수 없는 내용만 물어봐야 한다. 또 '상향 조정의 예정은 있나요?'처럼 미처 공표되지 않은 내부정보는 물어서는 안 된다. 이것은 최소한의 예의다.

'입이 무거운 IR 담당자도 경쟁사의 정보를 예로 내밀면 적극적으로 응하는 경우가 많다'고 했다. 그러므로 우선은 경쟁사에 문의해서 그곳에서 얻은 정보를 바탕으로 정말 투자하고 싶은 회사에 심도 있는 질문을 해서 가치 있는 정보를 얻을 수 있다.

나도 한창 열심히 할 때는 일주일에 세 번 정도 IR 담당자에게 전화하는 시간을 따로 마련했었다. 하지만 그 횟수는 점점 줄어들었다. 이유는 몇백 개나 되는 기업에 전화를 하다 보니 내 안에 충분한 지식이 축적되었기 때문이다.

투자의 정보격차를 메우는 네트워크 만들기

해당 업계에서 일하는 사람에게 묻는 일은 상당히 효과가 있다. '이상한데, 이 주식이 왜 내려가지?'라는 생각이 들면 어느 날 갑자기 악재가 발표된다. 자주 있는 일이다. 업계 사람들이라면 당연히 자사혹은 경쟁사의 상황이 수상해지는 것을 느낄 수 있다.

어떤 상품이나 서비스를 제공하든지 사람이 개입하지 않는 회사는 없다. 그러므로 '그 원인을 조사하려고 들면 어떻게든지 알아낼 수 있다'는 생각을 우선 가지고 있어야 한다. 게다가 상장기업 정도 되면 관련 있는 사람의 수가 많을 것이다. 만일 너희가 유명한 투자 관련 인플루언서가 된다면 '○○ 업계 사람들, 시황 좀 알려 주세요!' 라고 X에서 글을 끄적거리기만 해도 팔로워인 개인투자자가 정보를 올려 줄지도 모른다. 물론 아무나 그런 일을 할 수 있는 것은 아니다.

    정보교환을 할 수 있는 투자 관련 모임이나 집회에 참가해 보는 것도 좋다. 우수한 투자자가 모이는 오프 모임에서는 좀처럼 외부로 나오지 않는 정보가 모인다. 혼자서는 다 조사할 수 없어도 5명, 10명의 정보를 합치면 다양한 업계의 식견을 얻을 수 있다. 나는 의사니까 의료업계에는 나름대로 사정이 밝고 다른 참가자도 자동차 제조업이나 전력회사의 사원이거나 하는 식으로 배경들이 다양하다. 주식이라는 공통점을 가지고 만난 친구는 일을 통해 생긴 지인과는 또 다르다. 내가 아는 성공한 투자자들의 공통점은 '절대로 남의 탓을 하지 않는다'는 것이었다. 투자는 어디까지나 자기 책임이다. 남 탓을 하는 사람은 절대 성공할 수 없다.

    만날수록 기분 좋은 사람들이 늘어난다. '주식이 아니었다면 이 사람들과 만날 수 없었을 것'이라고 생각하면 정말 주식투자 하기를 잘했다고 생각된다. 그들과 접하면서 유의미한 정보를 얻을 수 있고 돈까지 벌 수 있다. 이보다 더 좋은 모임은 없다고 생각한다. 다만 증권회사에서 주최하는 공부 모임은 아무래도 회사 영업에 유리하도록 이해관계자의 발언이 늘어나므로 별로 추천하지 않는다. 특히 처음에는 사람 수가 별로 없는 오프 모임이 좋을 것이다. 나에게는 10명 정도가 모이는 소규모 오프라인 모임이 가장 유익했다. 개인이 주재하는 공부 모임 중에는 사기성이 짙은 곳도 있으므로 확실히 알아보고 참여해야 한다.

나쁜 인간의 주변에는 역시 나쁜 인간들이 모여들기 마련이다. 참가자 숫자가 많다고 해서 무작정 믿으면 안 된다. 주최자가 X나 블로그에서 이야기하는 내용을 읽으면 신용할 수 있는지 알 수 있을 것이다. 알 수 없다면 무리하게 참가하지 않는 편이 좋다. 우선은 사람을 보는 눈을 키우는 것이 먼저다.

인플레이션을 활용하는 사고방식

지금 일본은 물가가 상승하고 돈의 가치가 떨어지는 인플레이션 시대다. 불과 20년 전만 해도 물가가 내려가고 돈의 가치가 올라가는 디플레이션이 문제였다. 상상이 가지 않겠지만 맥도날드 햄버거가 하나에 59엔(590원)이었던 시절이 있었다. 지금은 최저 190엔(1900원)부터니까 3배 이상 오른 셈이다.

눈앞의 일상생활만을 생각하면 물가는 싼 편이 고맙다. 하지만 경제 전반을 생각하면 완만한 인플레이션이 더 좋다. 디플레이션으로 물가가 내려가면 기업의 매출이 줄고 월급이 오르지 않고 보너스나 고용이 줄어든다. 지금처럼 기업의 노력을 제품과 서비스의 가격에 제대로 전가할 수 있는 상태가 더 건전한 것이다. 대부분의 상장기업은 '차입금'이 있다. 디플레이션이면 돈의 가치가 올라가지만 인플레이션이면 돈의 가치가 점점 떨어진다. 즉 대출금의 가치도 상대적으로 내려간다.

그런 한편 인플레이션에서는 옛날에 산 토지가 1억 엔(10억 원)에서 2억 엔(20억 원)이 되거나, 1000만 엔(1억 원)으로 도입한 기계가 2000만 엔(2억 원)이 되거나, 가지고 있는 자산의 가치가 오른다. 일본은행은 오랫동안 인플레이션 목표를 '2%'로 설정했다. 너희는 '물가가 비싸져서 큰일'이라고 생각할 수 있지만 '그 덕분에 기업이 성장하고 주가가 상승해서 돈을 번다'라고 긍정적으로 받아들이자. 세상일은 생각하기 나름이다.

신용거래를 해도 좋은 유일한 타이밍

'신용거래'는 간단히 말하면 증권회사에서 돈이나 주식을 빌려서 투자하는 것이다. 돈이나 주식을 빌리는 것이므로 자기 돈만 가지고 투자할 때보다 '주가가 오르면' 이익은 크다. 물론 리턴에는 같은 정도의 위험이 있다.

일반적으로 '신용거래는 위험'하다고 한다. 다만 소액으로 대박을 터뜨리고 싶어 신용거래를 이용하는 개인투자자도 많다. 이와이 코스모증권에 의하면 개인 주식거래의 7할 이상이 신용거래라는 데이터도 있다. 하지만 신용거래는 원칙적으로 안 하는 편이 좋다. 위험이 너무 크기 때문이다. 신용거래는 결국 빚을 지는 것이다. 돈을 빌려서 주식을 사면 2024년 8월 폭락장처럼 사실은 팔고 싶지 않은데 가격 변동만으로 팔지 않으면 안 되는 국면도 나온다. 그렇게 되면 파산해 버릴 위험까지 생기는 것이다.

유일하게 신용거래를 해도 될 때는 주가가 폭락했을 때다. 신용거래는 자기자금의 최대 3.3배까지 빌릴 수 있지만 폭락 때라고 해도 1.2배 정도가 한계선이다. 생각지도 못한 사건으로 주가가 떨어질 수 있다. 그러므로 만일을 생각해서 투자에 실패했을 때도 치명적인 피해는 입지 않도록 해야 한다. 아마 너희 주변에는 "신용거래가 더 벌 수 있다"라고 하는 사람도 있을 것이다. 그런 사람에게 꼭 말해 주기 바란다. "우리 아빠는 신용거래는 전혀 안 했는데 주식으로 50억 엔(500억 원)이나 벌었어. 너는?" 아마 아무 대꾸도 못할 게다.

신용거래가 얼마나 위험한지 '신용평가손익률'의 이야기로 살펴보자. 신용평가손익률이란 신용매수잔고를 보유하는 투자자가 어느 정도 손익이 되었는지를 나타내는 것이다. 신용평가손익률은 도쿄증권거래소가 매주 수요일에 '신용거래 잔고'를 발표하고 그 수치를 바탕으로 다음 목요일 《일본경제신문》에 게재된다. 2025년 1월 10일 현재, 신용평가손익률은 '마이너스 7.48%'이다. 즉 '신용거래를 하는 사람의 손익은 거의 모두 마이너스였다'라는 사실이 공식적으로 발표된 것이다.

이 신용평가손익률이 플러스로 바뀌는 일은 거의 없다. 0%까지 오면 '천장에 가깝다'라고 말한다. 이 수치에서 벌써 답이 나온 셈이다. 말하자면 신용거래는 손해가 당연한 세계라는 것이다. 그런 세계에 일부러 빚을 지면서까지 뛰어들 필요는 없다. 신용거래에 힘을 쏟을 바에는 우선은 현물거래로 자신이 예상한 대로 성과를 낸 다음부터 하는 편이 좋다.

주가가 떨어져도 흔들리지 않는다

처음 주식을 사고 나면 한참 동안 매일매일 가격 변동에 일희일비할지도 모른다. 아마 너희도 '고르고 골라서 주식을 샀는데 떨어졌다, 어떡하지? 아빠'라고 생각하는 일이 있을지 모른다. 아니 분명히 그럴 것이다. 왜냐하면 투자라는 건 원래 그런 것이기 때문이다. 투자로 돈을 버는 것은 어디까지나 골인 지점의 이야기다. 그 과정에서는 오히려 미실현 손실이 나는 것이 당연하다고 생각하는 정도가 좋다. 주식은 늘 우상향으로 올라가는 것이 아니다. 잠깐 내려갔다가 다시 올라가는가 싶으면 또 내려갔다가 올라가는 식으로 상승하는 경우가 많기 때문이다.

특히 성장주 투자자처럼 단기적으로 사물을 생각하는 사람은 '평가손익 몇 %가 되면 판다'와 같은 규칙을 정하는 경우도 있다. 하지만 가치주 투자자의 경우는 그것도 필요 없다. 파는 것은 어디까지나 생각하고 있던 시나리오가 빗나갔을 때다. 시나리오가 빗나가지 않았는데 주가가 내려갔다면 오히려 바닥에서 추가로 매수할 수 있는 기회일 뿐이다.

주가가 오르락내리락하는 것도 결국은 익숙해지면 된다. '주식을 가지고 있는 것'이 일상화되어 있다면 주가가 움직이는 것은 당연한 일이므로, 오히려 움직이지 않는 것을 이상하게 느끼는 시기가 올 것이다. 그렇게 되면 너희도 투자자로서 출발 지점에 섰다고 할 수 있다. 그때까지 주가의 변동에는 신경쓰지 않아도 된다. 그것이 투자 성과에도 정신건강에도 좋다.

떨어졌을 때가 살 때다

'주가 하락은 신경 쓰지 않는다, 팔지 않는다'라고 했지만 폭락할 때는 오히려 매수 장세인 경우가 많다.

2024년 8월 5일 닛케이 평균주가는 사상 최고의 하락 폭을 기록했다. 이때 '또 내려갈지도 모른다'라고 의심하다가 투매하는 사람이 적지 않았다. 하지만 나는 '이런 매수 기회는 다시 없다!'라고 생각하고 전력으로 사들였다. 하한가 종목이 많을 때는 다시 없는 매수 기회인 것이다.

구체적으로 주식이 폭락할 때 매수해야 하는 타이밍은 다음과 같다. '하한가 종목이 100개를 넘을 때', '매매 대금이 도쿄증권거래소 프라임 시장 시가총액의 1%가 넘을 때', '신문이나 텔레비전에서 주가가 톱뉴스가 될 때'. 이 세 가지 조건이 갖춰지면 그야말로 '전력 매수'의 사인이다. 2020년 3월의 코로나 쇼크 시기에는 하한가 종목이 200개를 넘었다. 이것도 충분히 많지만 2024년 8월 폭락 때는 상장한 전 종목의 2%에 해당하는 800개나 되는 종목이 하한가가 되었다. 그리고 도쿄증권거래소 프라임 시장의 시가총액이 935조 엔(9350조 원) 정도였던 것에 비해 매매 대금만으로 과거 최고인 약 8조 엔(80조 원) 가까이를 기록했다. 스탠다드 시장, 그로스 시장을 합치면 매매대금은 10조 엔(100조 원)까지 뛰었다. 매도가 쇄도해서 매매대금이 부풀어 오를 때는 하한가가 많아지고 '바닥 시세'가 되는 경우가 많다.

주가 뉴스는 일반적으로 TV 프로그램의 마지막 순서로 방송되는 것이 통례이지만 2024년 8월처럼 대폭락을 일으켰을 때는 예능 방송까지도 주가에 관한 화제가 톱뉴스가 된다. 다들 '큰일났다'고 소란을 피울 때야말로 절호의 매수 타이밍이다. 이때 작심하고 사들인 것이 선박 엔진을 만드는 미쓰이E&S(옛 미쓰이조선: 7003)이다. 8월 2일에 한 주당 1143엔(1만 1430원)이었던 주가는 5일에는 843엔(8430원)까지 내려갔다. 하지만 이틀 후에는 1주 1000엔(1만 원) 대까지 회복했다. 약 한 달 후에는 1300엔(1만 3000원)을 넘긴 시점에서 모두 매각했다. 단기 트레이딩에서 이 정도 수익을 올릴 수 있다면 충분히 만족스럽다고 할 수 있다.

폭락은 갑자기 들이닥친다. 2024년 8월 폭락도 설마 여기까지 떨어지리라고는 나를 포함해 아무도 예상하지 못했다. 하지만 그 후는 '두 번째 바닥이 올지도 모른다'라는 예상이 세상을 떠들썩하게 했다. 폭락 후 '8월 5일, 무엇을 했는가'라는 설문을 X에서 독자적으로 실시한 결과 '아무것도 하지 않았다'라는 대답이 가장 많았다. 그것이 '보통의 투자자'인 것이다. 폭락은 예상할 수 없는 타이밍에 찾아온다. 누구나 예상하는 시기에는 오지 않는 법이다. 그렇기 때문에 그 폭락 당시는 아무리 생각해도 살 때였다.

하한가가 100개 종목이나 200개 종목이 넘을 때는 팔 사람은 거의 다 팔아치운 다음이다. 더 이상 투매할 사람이 없는데 '다음은 누가 던질까'라고 두려워하는 상태다. 8월 5일보다 더 심하게 하락하는 두 번째 바닥이 온다고 해도 반년이 지나서다. 이 '반년 후'라는 것은 신용거래를 이용한 사람이 조금 올랐을 때 다시 사고 던지는 타이밍이다. 적어도 폭락에서 두 달 정도는 '안전 기간'이라고 생각해도 된다. 왜냐하면 그 기간 동안 다들 던지다시피 해서 주가가 바닥이기는 하지만 다시 올라가면서 사람들의 매수세가 살아나기 때문이다. 실제로 2008년 가을 리먼 쇼크의 두 번째 바닥은 2009년에 찾아왔다.

이 외에는 '닛케이 평균과 닛케이 평균 선물이 있다'는 것도 매수 타이밍이다. 닛케이 평균 선물이란 닛케이 평균 주가지수를 대상으로 한 선물을 말한다. 선물은 '권리'이므로 현물이 없어도 팔리지만 현물은 현물이 없으면 팔 수 없다. 원래 '하한가 고정 선물'이란 주가가 하한가까지 떨어져서 매도 주문은 남아 있는데 매수 주문이 부족해서 거래가 성립하지 않는 상태를 말한다. 선물만 팔렸기 때문에 괴리가 생길 때가 있다. 본래는 닛케이 평균과 같은 가격이어야 하지만 차이가 벌어져 버린다. 이때 괴리률이 높은 종목부터 살펴보고 자신이 노리던 회사가 있다면 바로 주가차트를 살펴본다. 그리고 '역시 저렴하다'고 생각되면 사는 것이다.

마지막은 '시간'이다. 폭락 장세일 때 주문은 가급적 오후 2시 반이후에 실행해야 한다. 매도가 몰려서 다양한 종목이 하한가로 떨어지므로 기다릴수록 더 싸진다. 따라서 오전보다 오후에 사는 편이 좋다. 원래 가지고 있던 주식은 절대로 팔지 않는다. 이때만큼은 신용거래 금지를 풀어도 된다. 오랜 투자자 인생에서 내가 신용거래로 매수한 때는 리먼 쇼크와 동일본 대지진, 그리고 2024년 8월 5일의 폭락 이후 단 세 번뿐이다. 리먼 쇼크 이후에는 모든 종목의 주가가 떨어졌다. 하지만 내게는 절호의 기회일 뿐이었다. 그때만큼은 휴일에도 아르바이트를 하고 잠자는 시간도 아껴 가며 일해서 최저한의 생활비 이외는 모두 주식에 몰아넣었다. 당시 대학병원의 월급은 수령액으로 20만 엔(200만 원) 정도. 다만 야간이나 휴일에 몸을 혹사하면서 일하면 한 달에 200만 엔(2000만 원) 정도는 벌 수 있었다. 그것이 한계였다.

또 2024년 8월 5일 폭락은 일시적인 것이었지만 버블 붕괴나 리먼 쇼크처럼 장기적으로 경제가 곤두박질칠 때도 있다. 그럴 때는 오히려 적자 회사를 노릴 수 있는 선택지도 있다. 같은 적자라도 분기마다 적자가 줄어드는 회사를 사는 것이다. 예를 들면 1년 동안 적자가 40억 엔(400억 원)인 회사가 두 곳 있다고 하자. A사는 1분기부터 4분기까지 지속적으로 10억 엔(100억 원) 정도의 적자를 내는 회사다. 이건 안 된다. 한편 B사는 1분기 20억 엔(200억 원), 2분기 10억 엔(100억 원), 3분기 6억 엔(60억 원), 4분기 4억 엔(40억 원)으로 적자액이 서서히 줄어든다. 이것은 말하자면 실적이 늘고 있다는 이야기다. 대부분의 투자자는 적자가 나는 회사의 주식은 사고 싶어 하지 않는다. 적자 폭이 줄어들어도 주가는 별로 올라가지 않는다. 하지만 힘든 환경에서도 적자 폭을 줄여가는 회사는 흑자로 전환할 수 있는 잠재력이 있다. 그리고 흑자로 전환되는 순간 주가는 뛰어오르는 것이다.

에필로그

500억 원을 벌고 나니
보이는 것들

한 달 용돈이 2000만 원이라고 해도

나는 주식투자로 원금 50만 엔(500만 원)을 50억 엔(500억 원)까지 불렸어. 솔직히 죽을 때까지 50억 엔(500억 원)이나 되는 돈을 다 쓰지 못할 거야. 암의 전이가 발견되고 나는 한 달에 200만 엔(2000만 원)씩 쓰겠다고 결심했지만 그마저도 제대로 쓸 수가 없었단다. 결국 재산이 아무리 늘어도 사람이 돈을 쓰는 습관은 바뀌지 않는 법이야.

명품이니 고급 차에 최고급 손목시계 같은 건 난 전혀 관심이 없어. 대단한 짠돌이는 아니지만 옷은 중저가 제품이면 충분하고, 자동차도 가족과 함께 쓰는 평범한 대형차를 15년도 넘게 타고 있어. 그걸로 만족해.

암에 걸리고 나서는 술자리에 가지 않고 집에서도 마시지 않아. 의사나 벼락부자들이 좋아하는 고급 와인도 별로 흥미가 없지. 요리가 취미라서 식사는 직접 만들어 먹는 게 기본이니까 식비도 별로 들지 않아. 결국 나는 돈을 쓰는 재능이 하나도 없는 거야. 돈은 이제 더 이상 필요하지 않아. 그래도 주식투자를 계속하는 이유는 결국 주식이 좋기 때문이야.

대학 시절, 동기들은 다 의사국가고시에 합격하는데 나 혼자만 떨어졌어. 친구들은 모두 버젓한 의사가 되었고 내 선배가 되었지. 그 사실이 너무 분하고 부끄러웠어. 의사로서 남들보다 뒤처졌다면 돈으로 따라잡겠다고 결심했지. 그래서 정말 열심히 주식을 공부했어. 보통 의사는 돈을 많이 번다고 생각하지만 그래 봐야 수입을 '덧셈'으로 쌓아 갈 뿐이야. 하지만 투자자는 돈을 '곱셈'으로 늘릴 수 있지. 그래서 나는 투자로 돈을 벌겠다고 결심했고 주식을 시작한 거야. 그것이 어느새 내 인생의 가장 중요한 업이 되었어. 돈을 버는 일보다 내가 생각한 시나리오대로 주가가 움직이는 게 너무 재미있었어. 그 결과 평생 다 쓰지도 못할 정도로 돈이 따라왔을 뿐이야.

주식은 이미 내 생활의 일부란다. 아침에 일어나서 세수를 안 하거나 이를 안 닦으면 하루 종일 기분이 찝찝하잖아. 그것과 마찬가지야. '돈을 벌 수 있는 주식'이 있는데 그걸 사지 않고 내버려둔다? 참을 수가 없는 거지. 게다가 주식을 통해 만난 개인투자자들과 교류하는 즐거움 또한 내 인생의 시간을 더 풍요롭게 해 주었어.

조기은퇴 반년 만에 깨달은 '일하는 의미'

지금까지 투자 이야기만 했지만 인간의 기본은 '노동'에 있다고 생각해. 일하지 않고 돈을 벌어 다시 투자해서 주주로서 불로소득하는 삶을 동경하는 사람들이 많아. 주식투자를 막 시작했을 무렵에는 아빠도 그렇게 생각했지. 하지만 이제는 알아. 노동을 통해 사회에 공헌하거나 일을 통해 살아가는 보람을 느끼는 편이 훨씬 더 값진 인생이라고 생각해.

나도 한때는 파이어족으로 조기은퇴에 성공해서 전업투자자가 되었지. 하지만 반년도 이어지지 못했어. 평일 대낮부터 게임이나 마작을 하면서 자유를 만끽했지만 사람들이 동경하는 파이어족의 실상은 정말 심심하고 지루한 것이었어. 무직이 되고서야 비로소 내가 생각보다 일을 싫어하지 않았다는 사실을 깨달았지.

애당초 '백수 아저씨'에 대한 사회의 시선은 꽤 혹독했어. "나이도 먹을 만큼 먹었는데 일도 안 하고 대낮부터 돌아다니다니, 도대체 뭐 하는 사람일까?" 이런 호기심 어린 시선을 스스로도 느꼈던 거야. 역시 사람은 어딘가에 소속되어 자신의 가치를 확인하지 않으면 마음이 채워지지 않는 것 같아.

내가 조기은퇴를 했을 때만 해도 SNS가 지금처럼 발달하지 않았고 사회적 관계를 유지하려면 직접 만나는 수밖에 없었어. 하지만 그럴 수 있는 상대는 평일 낮부터 마작 게임장에 모이는 아저씨들뿐이었지. 당시 꽤 고독했던 것도 파이어족 생활이 힘들었던 이유였어. 지금처럼 X나 페이스북으로 누군가와 바로바로 정보교환을 할 수 있었다면 조금은 달랐을지도 몰라. 지금은 한 달에 두 번 정도 투자자 동료들을 집으로 초대해서 내가 만든 요리를 대접하고 마작 게임을 하는 김에 투자 이야기도 나누는 모임을 즐기고 있단다.

아빠가 곁에 없어도 주식투자가 힘이 되어 줄 거야

내가 아는 투자자, 특히 전업투자자들은 조금 별난 사람들이 많아. 물론 본인들은 평범하다고 생각할 수도 있겠지만 말이야. 함께 있으면 유쾌하고 즐거운 사람들이 많지만 모두 회사 같은 조직에 얽매이지 않고 매일 자유롭게 주식투자만 하다보니 대부분 일반적인 상식과 좀 동떨어진 부분이 없지 않아.

결국 자유롭게 사는 것도 적성이야. 대부분의 사람들은 그런 삶이 맞지 않아. 일하지 않고 자유롭게 살고 싶은 사람은 어떻게든 방법을 찾아서 살아가지. 그러니 학교를 졸업하고 망설임 없이 취직한 사람들은 자신은 '무직이 적성이 아니다'라고 생각하는 편이 좋아. 막연히 파이어족을 동경하는 사람은 그저 지금 하는 일이 싫어서일 수도 있어. 일을 그만두면 더 괴로워질지도 몰라. 아빠는 의사라는 직업이 천직이라고 생각하지는 않아. 그냥 싫지는 않은 정도야. 아버지로서 너희가 좋아하는 일을 찾아 매진하면서 즐겁게 일하고 경제적으로도 풍요로운 인생을 살아가기를 바라고 있어.

다만 나처럼 '일하는 게 좋지도 싫지도 않은 사람'은 주식투자라는 다른 돈벌이가 있다는 사실이 꽤 마음을 편하게 해 주었어. '언제든 일을 그만두어도 경제적으로 문제가 없다'고 안심할 수 있기 때문이지. 만일 투자를 하지 않고 '의사 말고 다른 생계 대책이 없다'고 생각했다면 삶이 무척 힘들었을 거야. 너희가 어떤 인생을 살아갈지 나는 알 수 없어. 하지만 돈이 있으면 그만큼 인생의 선택지를 넓혀 주는 건 확실해. 아마 너희가 나이 들었을 때는 제대로 된 연금을 기대하기 힘들 거야. 그러므로 자신을 믿고 성장하면서 스스로 길을 개척해 가기 바란다.

자, 이제 정말 마지막이다. 아빠가 떠나도 너희의 인생은 계속될 거야. 사람은 살아가는 이상 어쨌든 돈이 필요해. 주식투자는 분명히 너희에게 힘이 되어 줄 거야. 주식투자를 하다 보면 멋진 친구가 생길 수도 있고 경제 지식을 얻어서 사회를 바라보는 시각이 바뀔지도 몰라. 아빠 딸이니까 너희도 주식에 대한 감각이 있을 거야. 분명히 주식투자를 좋아하게 될 거야.

    마지막까지 읽어 주어서 정말 고맙다. 아빠 인생을 걸고 지금까지 쌓아 올린 것을 조금이라도 너희에게 남길 수 있어서 기뻐. 나는 이 책 안에 영원히 남아 있을 거야. 언제든지 만나러 와 주면 좋겠구나.

    부디 너희들 인생에 행복이 가득하기를.
    진심으로 사랑한다.

2025년 6월

아빠가

옮긴이 | 박선영

이화여자대학교를 졸업하고 도쿄대학교 대학원에서 언어정보학을 공부했다. 현재 경희사이버대학교, 메가스터디 엠베스트 등에서 일본어를 가르치는 한편, 출판번역 에이전시 글로하나에서 다양한 분야의 일본어 도서를 리뷰, 번역하며 일본어 번역가로 활발히 활동하고 있다. 옮긴 책으로는 《퇴사하고 싶어졌다, 그래서 10억을 모았다》, 《성공은 하루 만에 잊어라》, 《내가 선생님을 죽였다》, 《괴물 같은 기업 키엔스를 배워라》, 《혼자 행복해지는 연습》, 《미미와 리리의 철학 모험》, 《기다림의 칼》, 《향연》, 《13억분의 1의 남자》, 《이케아 INSIGHT》, 《여자의 인간관계》, 《다섯 가지 상처》, 《말해서는 안 되는 너무 잔혹한 진실》 등이 있다.

부자 아빠 투자 불변의 법칙

초판 1쇄 발행	2025년 10월 31일
초판 4쇄 발행	2025년 12월 24일
지은이	타짱
옮긴이	박선영
기획편집	김하나리 **교정교열** 윤정아
디자인	forb studio **본문** 주성영
책임마케팅	최혜령, 박지수, 도우리, 양지환
마케팅	콘텐츠IP사업본부
해외사업	한승빈, 박고은
경영지원	백선희, 권영환, 이기경, 최민선
제작	재영 P&B
펴낸이	서현동
펴낸곳	㈜오팬하우스
출판등록	2024년 5월 16일 제2024-000141호
주소	서울특별시 강남구 테헤란로 419, 11층(삼성동, 강남파이낸스플라자)
이메일	info@ofh.co.kr

ISBN 979-11-94979-79-1 03320

· 큰숲은 ㈜오팬하우스의 출판브랜드입니다.
· 이 책은 저작권법에 따라 보호받는 저작물이므로 무단전재와 무단복제를 금지하며, 이 책 내용의 전부 또는 일부를 이용하려면 반드시 저작권자와 ㈜오팬하우스의 서면동의를 받아야 합니다.
· 책값은 뒤표지에 표시되어 있습니다.
· 잘못된 책은 구입하신 서점에서 바꿔드립니다.

기업 분

재무지표

(1) 건전성

	년	년	년	년	년
주주자본비율					
유동비율					

(2) 수익성

	년	년	년	년	년
영업이익률					
ROE					
ROA(ROIC)					

(3) 성장성

	년	년	년	년	년
매출 성장					
영업이익 성장					

주가지표

주가 =   원으로 계산

근사치 PER	
PCFR	
PSR	
PBR	
예상 수익률	
PER×PBR	
EV / EBITDA	
ROIC	
발생액 / 총자산	
시가총액	

~석 리포트

주주 동향·자본정책

대주주 리스트

배당 성향

자사주 매입, 소각, 증자의 이력

기업가치

자산가치 체크

　청산가치: 조정자산 − 총부채 =

※ 현금 및 현금성자산 = 100%, 받을어음 및 매출채권 = 85%, 유가증권 = 100%, 재고자산 = 50%, 기타 유동자산 = 0%, 유형자산 = 50%, 무형자산 = 0%, 투자 등 = 50%로 계산

수익가치 체크
DCF법
　　보수적 시나리오: 순현금 + FCF/R　　　※ R(할인율) = 10%
　　낙관적 시나리오: 순현금 + FC/R
※ R = 10%　5년간은 20% 이익 성장, 6년 차 이후는 성장 없이 생각한다

투자 판단

5단계 평가(A~E)

자산으로 본 저평가 정도

수익 창출 능력으로 본 저평가 정도

재무건전성

수익성

성장성

사업역량

주주 중시 경영

총괄